AF451717

INSTRUCTION

SUR

L'EXERCICE

DE LA

CAVALERIE.

Du 29 Juin 1753.

A PARIS,

DE L'IMPRIMERIE ROYALE.

M. DCCLIII.

TABLE

DES

TITRES CONTENUS DANS L'INSTRUCTION
SUR L'EXERCICE DE LA CAVALERIE,
du 29 juin 1753.

INSTRUCTION

INSTRUCTION

SUR

L'EXERCICE

DE LA

CAVALERIE.

Du 29 Juin 1753.

E ROI ayant fait examiner les observations qui ont été faites par les différens régimens de sa Cavalerie, sur le projet d'Instruction que Sa Majesté leur avoit fait remettre l'année dernière; & desirant mettre toute l'uniformité & la perfection possibles dans les exercices de ce Corps, Elle a fait dresser la présente Instruction, à laquelle Elle veut que tous ses régimens de Cavalerie se conforment, en attendant que sur le compte qui lui sera rendu des nouveaux mémoires qu'Elle permet aux Commandans & aux Majors de ces régimens d'adresser au Secrétaire d'état ayant le département de la guerre, il lui plaise de fixer irrévocablement par une Ordonnance, la forme de ces exercices.

Cette Instruction comprend le maniement des armes,

tant à pied qu'à cheval, & toutes les différentes manœuvres que l'on peut faire faire à une compagnie, à un régiment, & à un détachement.

Comme on ne peut espérer de parvenir à une instruction parfaite du Cavalier, qu'autant que l'Officier sera lui-même instruit de tout ce qu'il doit lui commander; l'intention de Sa Majesté est que les Commandans des corps tiennent la main à ce que non seulement les Officiers majors, mais aussi ceux des compagnies & les Maréchaux-des-logis, se mettent au fait de tout ce qui a rapport au maniement des armes, & le sachent assez bien exécuter pour pouvoir l'apprendre à leur troupe.

Elle entend pareillement, que quand les régimens se trouvent rassemblés, ceux qui les commandent, fassent commander devant eux à chaque compagnie par leurs Officiers particuliers, les différens maniemens des armes, & les manœuvres indiquées pour une compagnie & pour un détachement, afin de s'assurer que ces Officiers soient en état de bien instruire leurs compagnies lorsqu'elles seront séparées.

DE CE QUE L'ON DOIT COMMENCER
à apprendre au Cavalier.

LA première instruction à donner à un Cavalier, est de lui apprendre à connoître son cheval & toutes les parties de son équipement, ainsi que leur usage; afin qu'il sache le brider, le gourmer, le seller & le harnacher de tout point, & la manière dont il devra le charger.

On le fera monter ensuite à cheval, & on l'y placera: on l'instruira comment il doit tenir sa bride & s'en servir, de la longueur qu'il doit donner à ses étriers, & de l'usage qu'il doit faire de ses jambes & de ses éperons.

Enfin, on le fera trotter quelque temps sans étriers, pour lui faire trouver le fond de la selle, & lui donner plus de fermeté à cheval.

En même temps qu'on occupera les Cavaliers à ces

premières instructions, on les exercera un à un, ou deux à deux tout au plus, aux différens maniemens des armes, d'abord à pied & ensuite à cheval, en leur en montrant tous les principes.

Les Maréchaux-des-logis seront principalement chargés de ce soin à l'égard des Cavaliers de recrue, qui seront cependant exercés très-souvent par leurs Officiers, soit dans les garnisons ou dans les quartiers, & que l'Aide-major rassemblera quand le régiment se trouvera réuni, pour leur faire répéter ces éxercices.

DU MANIEMENT DES ARMES
A PIED.

LE Major commencera par cet avertissement:

Prenez garde à vous, vous allez faire le manie-ment des armes.

Les Cavaliers regarderont s'ils sont bien alignés à un pas de distance l'un de l'autre, les deux pieds sur la même ligne, séparés d'un demi-pied, le mousqueton droit dans le creux de l'épaule gauche, la crosse sur la main gauche, le pouce au dessus de la vis, la main droite pendante.

COMMANDEMENS.

1. *A droite.*

2. *A gauche.*

3. *Demi-tour à droite.*

4. *Demi-tour à gauche.*

Ces quatre commandemens s'exécuteront chacun en un seul temps, tournant sur le talon gauche, & portant le pied droit sur la même ligne du gauche.

5. *Haut le mousqueton.*

En deux temps: au premier, on portera la main droite à la poignée sans remuer le mousqueton.

Au deuxième, on le portera du côté droit & on l'empoignera en même temps de la main gauche au deſſous du porte-baguette d'en bas, le pouce gauche alongé le long du bois & du canon à la hauteur de l'épaule droite, la platine au deſſus du ceinturon, le poignet droit appuyé à la hanche, tenant le mouſqueton bien perpendiculaire.

6. *Apprêtez le mouſqueton.*

En un temps : on armera le mouſqueton de la main droite ſeule en tirant le chien en arrière, juſqu'à ce qu'on l'ait entendu ſe loger dans le cran.

7. *En joue.*

En un temps : on portera la croſſe à l'épaule droite, lâchant le pied droit en arrière ſur la même ligne que le gauche, le genou gauche un peu plié, le jarret droit tendu, la pointe du pied gauche vis-à-vis le bout du mouſqueton, les talons ſur la même ligne, le coude droit ſerré.

8. *Feu.*

En un temps : on tirera la détente ſans faire d'autre mouvement que celui du doigt.

9. *Retirez le mouſqueton.*

En un temps : laiſſant tomber le mouſqueton horizontalement, ou armes plattes, au deſſous du ceinturon, le poignet gauche contre la hanche, les deux pieds égaux ſur la même ligne, le pouce de la main gauche alongé le long du bois & du canon, le pouce de la droite ſur le chien.

10. *Mettez le chien en ſon repos.*

En un temps : on tirera le chien en arrière juſqu'à ce qu'on ait entendu le reſſort ſe loger dans le cran du repos.

11. *Prenez la cartouche.*

En un temps : tenant le mouſqueton ferme avec la main gauche, on portera la droite bruſquement au porte-cartouche à droite, pour en tirer la cartouche.

12. *Déchirez la cartouche avec les dents.*

En deux temps : au premier, on portera la cartouche à la bouche pour la déchirer.

Au

Au deuxième, on la portera brusquement près du baffinet.

13. *Amorcez.*

En un temps : tenant la cartouche avec les deux premiers doigts, on la preffera un peu , on remplira le baffinet de poudre & on mettra le pouce fur l'ouverture.

14. *Fermez le baffinet.*

En un temps : on fermera le baffinet tenant la cartouche fermée du pouce & du premier doigt , & l'on portera le côté de la main entre la platine & la croffe.

15. *Paffez le moufqueton du côté de l'épée.*

En un temps : on pouffera la croffe à gauche avec les deux derniers doigts de la main droite, pendant que l'on tournera brufquement la main gauche, les ongles en deffous, de façon que le bout du canon paffant à droite, la platine fe trouve deffus, la baguette du côté du corps ; & la main dont on tient la cartouche, fe placera à quatre doigts du bout du moufqueton, à la même hauteur.

16. *Mettez la cartouche dans le canon.*

En un temps : on mettra la cartouche dans le canon en la preffant d'abord pour faire fortir la poudre : on faifira la baguette de la main droite avec le pouce & le premier doigt qu'on repliera en deffous ainfi que les autres , alongeant le pouce vers le bout de la baguette.

17. *Tirez la baguette.*

En un temps : on la tirera tout de fuite , on la faifira par le milieu, & on la retournera la main renverfée, tenant le bras haut, demi-tendu, préfentant le gros bout vis-à-vis & dans la même direction que le canon.

18. *Bourrez.*

En un temps : on bourrera ferme deux fois feulement.

19. *Remettez la baguette.*

En un temps : on retirera la baguette, la faififfant par le milieu, la main renverfée ; on la retournera & on la remettra tout de fuite en fon lieu, replaçant la main droite au bout du moufqueton , le pouce alongé le long du bois.

20. *Haut le mousqueton.*

En un temps : faisant à gauche, on portera le mousqueton de la main gauche du côté droit ; & de la main droite, on le prendra à la poignée, tenant toûjours la gauche au-dessous & contre le porte-baguette, le pouce alongé le long du bois & du canon, à la hauteur de l'épaule droite, la platine au dessus du ceinturon, le poignet droit appuyé à la hanche, le pouce sur le chien, le premier doigt dans la soûgarde derrière la détente, tenant le mousqueton du reste de la main.

21. *Portez le mousqueton.*

En deux temps : au premier, tournant le canon en dehors, on portera de la main droite le mousqueton vis-à-vis l'épaule gauche, & on placera la main gauche sous la crosse, le bras gauche tendu.

Au deuxième, on laissera tomber le mousqueton dans le creux de l'épaule gauche, & la main droite tombera pendante sur le côté.

22. *Reposez-vous sur le mousqueton.*

En quatre temps : au premier, on portera la main droite à la poignée.

Au deuxième, on portera le mousqueton devant soi, la soûgarde en avant, en baissant la main droite & portant la main gauche à l'anneau de la grenadière.

Au troisième, on portera le mousqueton à droite de la main gauche, & on placera la main droite au bout du canon, tenant le mousqueton perpendiculaire, la crosse à un demi-pied de terre.

Au quatrième, on laissera tomber la crosse du mousqueton à terre, à un demi-pied de la partie droite du pied droit, la soûgarde en avant, & la main gauche tombera pendante sur le côté.

23. *Posez le mousqueton à terre.*

En quatre temps : au premier, on tournera sur les deux talons à droite, & on retournera en même temps le mousqueton, de façon que le canon soit vers le corps.

Au deuxième, en laissant couler la main droite jusqu'à la grenadière, on fera un grand pas en avant du pied gauche, & on couchera le mousqueton par terre, la platine en dessus, la main gauche sur la cuisse.

Au troisième, on se relèvera en retirant le pied gauche, & tenant les deux bras pendans.

Au quatrième, on se remettra, en tournant sur les deux talons à gauche.

24. *Reprenez le mousqueton.*

En quatre temps : au premier, on tournera sur les deux talons à droite.

Au deuxième, on fera un grand pas du pied gauche, & on reprendra le mousqueton avec la main droite à la même hauteur qu'on le tenoit en le posant à terre.

Au troisième, on se relèvera en retirant le pied gauche.

Au quatrième, on tournera sur les deux talons à gauche, & on remettra le mousqueton dans la même place qui est marquée pour se reposer sur le mousqueton.

25. *Portez le mousqueton.*

En deux temps : au premier, on élèvera le mousqueton de la main droite qui tient le canon aux trois quarts, & la main gauche se posera sous la crosse, le mousqueton vis-à-vis l'épaule gauche.

Au deuxième, comme au deuxième temps du vingt-unième commandement.

26. *Mousqueton à la grenadière.*

En quatre temps : au premier, on portera la main droite à la poignée.

Au deuxième, on portera le mousqueton en travers, au dessus de la tête, la platine en dessus.

Au troisième, on passera la tête & le bras droit entre la grenadière & le mousqueton, qu'on laissera tomber à droite.

Au quatrième, on poussera la crosse en arrière de la main droite, qu'on laissera pendante, la gauche devant soi.

27. *Préparez-vous pour mettre le sabre à la main.*

En un temps : passant le poignet de la main droite dans le cordon, on saisira la poignée du sabre & on dégagera un peu la lame de dedans le fourreau.

28. *Sabre à la main.*

En un temps : on tirera brusquement le sabre, & on le portera à l'épaule droite, le dos de la lame appuyé contre l'épaule, le poignet à la hauteur & près de la hanche.

29. *Remettez le sabre.*

En deux temps : au premier, on mettra le sabre en travers devant soi, à la parade, la pointe plus élevée que la poignée.

Au deuxième, on saisira le fourreau de la main gauche, & de la droite on présentera le sabre à l'entrée du fourreau; on l'enfoncera tout de suite jusqu'à la garde, laissant tomber ensuite la main droite à côté, & la gauche devant soi.

30. *Portez le mousqueton.*

En trois temps : au premier, on prendra avec la main droite la crosse du mousqueton qu'on tirera en avant.

Au deuxième, on passera la main & le bras droit entre le corps & le mousqueton, on le saisira par dessous à la poignée; on le passera en travers par dessus la tête, & on le portera vis-à-vis l'épaule gauche, la main gauche sous la crosse.

Au troisième, comme au deuxième temps du vingt-unième commandement.

Outre les commandemens ci-dessus, les Cavaliers sauront encore exécuter ceux qui suivent.

1. *Passez la platine sous le bras gauche.*

En quatre temps : au premier, on portera la main droite à la poignée, le pouce alongé sur la contre-platine.

Au deuxième, on lèvera le mousqueton de la main droite & on le portera vis-à-vis de l'épaule gauche, le tenant perpendiculaire, le chien en avant, & plaçant la main gauche sur le canon, au dessous du porte-baguette d'en bas.

Au troisième, on passera la platine sous le bras, la main droite accompagnant le mousqueton.

Au quatrième, on portera brusquement la main droite pendante sur le côté.

2. Portez

2. *Portez le mousqueton.*

En trois temps : au premier, on portera le mousqueton en avant de la main gauche, en le relevant & le saisissant en même temps de la main droite à la poignée, le canon en dehors, les bras tendus, la main gauche à la hauteur de la bouche.

Au deuxième, on portera la main gauche sous la crosse.

Au troisième, comme au deuxième temps du vingt-un me commandement.

3. *Renversez le mousqueton.*

En cinq temps : au premier, on portera la main droite à la poignée, & on retournera la platine en dessus.

Au deuxième, on portera le mousqueton devant soi de la main droite, le canon du côté du corps, la sougarde en avant : on renversera la main gauche qui tient le canon au dessous & contre le porte-baguette, & on la tiendra à la hauteur de la bouche.

Au troisième, on renversera le mousqueton de la main gauche, toûjours le canon en dehors, & la crosse à la hauteur de la bouche, tenant le mousqueton de la main droite à la poignée.

Au quatrième, on passera le mousqueton renversé sous le bras, glissant la main gauche le long du canon, de façon que la crosse soit appuyée à l'épaule.

Au cinquième, on portera brusquement la main droite pendante sur le côté.

4. *Portez le mousqueton.*

En quatre temps : au premier, on portera le mousqueton en avant de la main gauche, & on joindra tout de suite la main droite à la poignée.

Au deuxième, on le tournera brusquement le bout en haut, sans le quitter de la main gauche, le canon en dehors, le reprenant de la main droite, le pouce alongé sur la contre-platine.

Au troisième, on le portera vis-à-vis l'épaule gauche, la main gauche sous la crosse, le bras gauche tendu.

Au quatrième, comme au deuxième temps du vingt-unieme commandement.

DU MANIEMENT DES ARMES
A CHEVAL.

LE Major commencera par cet avertissement:

Prenez garde à vous; préparez-vous pour faire le maniement des armes.

Les Cavaliers ajusteront les rênes en deux temps.

Au premier, on prendra le bout des rênes par dessous le bouton, avec le pouce & les deux premiers doigts de la main droite; on les élèvera devant soi, & on placera la main gauche à un pouce au dessus du pommeau & à un demi-pied en avant du corps, le petit doigt passé dans les rênes.

Au deuxième, on laissera tomber le bout des rênes à droite, & on portera la main droite sur la cuisse.

1. *Dégagez le mousqueton.*

En un temps: on saisira de la main gauche, sans quitter les rênes, le bout de la courroie du porte-crosse, & de la main droite le côté de la boucle, & avec le premier doigt de cette main, on fera sortir l'ardillon; & le bout de la courroie étant sorti de la boucle, la main gauche prendra le côté de la boucle, & de la droite on empoignera le mousqueton par la poignée.

On observera que les Carabiniers doivent porter leur carabine comme les Cavaliers leur mousqueton.

2. *Haut le mousqueton.*

En un temps: on élèvera le mousqueton & on le portera la crosse sur la cuisse, le bout haut en avant.

3. *Accrochez le mousqueton.*

En un temps: on baissera le mousqueton sur la main gauche, dont on l'empoignera; & de la droite on prendra le porte-mousqueton à la bandoulière, on y accrochera le mousqueton par l'anneau roulant, & tout de suite on reprendra le mousqueton de la main droite à la poignée, & on le remettra dans la position de haut le mousqueton.

4. *Apprêtez le mousqueton.*

En un temps, on armera le mousqueton de la main droite seule, en tirant le chien en arrière, jusqu'à ce qu'on l'ait entendu se loger dans le cran.

5. *En joue.*

En un temps, on portera de la main droite la crosse du mousqueton à l'épaule droite ; & pour soûtenir le mousqueton, on avancera la main gauche sur la tête du cheval, sans alonger les rênes.

6. *Feu.*

En un temps, comme au huitième commandement à pied.

7. *Retirez le mousqueton.*

En un temps, on laissera tomber le mousqueton horizontalement ou armes plattes, sur la main gauche, dont on le saisira près la partie supérieure à la platine, le pouce gauche alongé le long du bois, le pouce droit sur le chien.

8. *Mettez le chien en son repos.*

En un temps, comme au dixième commandement à pied.

9. *Prenez la cartouche.*

En un temps : le mousqueton étant appuyé sur le pommeau de la selle, on portera la main droite brusquement au porte-cartouche pour en tirer la cartouche.

10. *Déchirez la cartouche avec les dents.*

En deux temps, comme au douzième commandement à pied.

11. *Amorcez.*

En un temps, comme au treizième commandement à pied.

12. *Fermez le bassinet.*

En un temps, comme au quatorzième commandement à pied.

13. *Paſſez le mouſqueton du côté de l'épée.*

En un temps, levant le mouſqueton de la main gauche & tournant la baguette du côté du corps, on pouſſera la croſſe des deux derniers doigts de la main droite, pour la faire paſſer à gauche entre la fonte & l'épaule du cheval.

14. *Mettez la cartouche dans le canon.*

En un temps, comme au ſeizième commandement à pied.

15. *Tirez la baguette.*

En un temps, comme au dix-ſeptième commandement à pied.

16. *Bourrez.*

En un temps, comme au dix-huitième commandement à pied.

17. *Remettez la baguette.*

En un temps, comme au dix-neuvième commandement à pied.

18. *Haut le mouſqueton.*

En deux temps : au premier, on relèvera de la main gauche le mouſqueton, & de la droite on le ſaiſira à la poignée.

Au deuxième, en le levant on portera la croſſe ſur le plat de la cuiſſe, en quittant le mouſqueton de la main gauche, qui reſtera occupée à tenir la bride.

19. *Laiſſez tomber le mouſqueton.*

En un temps : on portera doucement le bout du mouſqueton en bas, & on le laiſſera pendre à la bandoulière.

Tout de ſuite, ſans commandement, on ajuſtera les rênes en deux temps, comme il a été dit à l'avertiſſement.

20. *Piſtolet à la main.*

En deux temps : au premier on portera la main droite ſur la croſſe du piſtolet de la gauche, paſſant par deſſus les rênes & la main gauche.

Au

Au deuxième, on le tirera de la fonte & on le portera sur la main gauche, dont on l'empoignera, le bout un peu élevé en avant vers l'oreille gauche du cheval; & on mettra le pouce de la main droite sur le chien, & le premier doigt devant la détente.

21. *Apprêtez le piſtolet.*

En un temps: on élèvera le piſtolet le bout en haut, le bras demi-tendu, le poignet à la hauteur de l'œil droit, la foûgarde en avant; & en l'élevant on l'armera de la main droite.

22. *En joue.*

En un temps: on tournera un peu le piſtolet, la platine en haut, les ongles en deſſous; & on viſera le long du canon, le bout directement devant foi plus bas que le poignet.

23. *Feu.*

En un temps: on tirera la détente.

24. *Remettez le piſtolet.*

En un temps: on le remettra dans la fonte, & on reportera tout de fuite la main droite fur la cuiſſe droite.

25. *Piſtolet à la main.*

En deux temps: au premier, on portera la main droite fur le piſtolet droit, les doigts entre la croſſe & la felle, les ongles & le pouce en deſſus de la croſſe.

Au deuxième, on le tirera de la fonte, & on le portera fur la main gauche, dont on l'empoignera, le bout un peu élevé en avant vers l'oreille gauche du cheval: on mettra le pouce de la main droite fur le chien, & le premier doigt devant la détente.

26. *Apprêtez le piſtolet.*

En un temps, comme au vingt-unième commandement.

27. *En joue.*

En un temps, comme au vingt-deuxième commandement.

d

28. *Feu.*

En un temps, comme au vingt-troisième commandement.

29. *Remettez le pistolet.*

En un temps, comme au vingt-quatrième commandement.

30. *Préparez-vous pour mettre le sabre à la main.*

En un temps : portant la main droite par dessus la gauche & les rênes, on passera le poignet dans le cordon, & on prendra le sabre à la poignée, dégageant un peu la lame de dedans le fourreau.

31. *Sabre à la main.*

En un temps, comme au vingt-huitième commandement à pied.

32. *Remettez le sabre.*

En deux temps, comme au vingt-neuvième commandement à pied, sans quitter les rênes; & tout de suite en deux temps on les ajustera comme à l'avertissement.

33. *Haut le mousqueton.*

En un temps : on le prendra avec la main droite à la poignée, & on le portera sur la cuisse le bout en haut.

34. *Décrochez le mousqueton.*

En un temps : on abaissera le mousqueton avec la main droite sur la main gauche, & on décrochera de la main droite le mousqueton, qu'on élèvera ensuite sur la cuisse comme au commandement précédent.

35. *Mousqueton à la grenadière.*

En trois temps, comme aux trois derniers du vingt-sixième commandement à pied.

36. *Reprenez le mousqueton.*

En deux temps : au premier, on prendra avec la main droite la crosse du mousqueton qu'on tirera en avant.

Au deuxième, on paſſera la main & le bras droit entre le corps & le mouſqueton, on le ſaiſira par deſſous à la poignée, on le paſſera en travers par deſſus la tête, & on le portera la croſſe ſur la cuiſſe, le bout haut en avant.

37. *Remettez le mouſqueton en ſon lieu.*

En deux temps : au premier, tenant le mouſqueton à la poignée, on l'élèvera de la main droite à la hauteur de la cravatte.

Au deuxième, on remettra le bout du mouſqueton dans ſa botte, on engagera la croſſe dans la courroie comme on l'en a dégagée, & on bouclera la courroie.

DE L'INSPECTION A PIED.

LES Cavaliers qui auront été commandés à pied, étant arrivés au lieu du rendez-vous, s'y mettront en bataille ſur un rang ou ſur pluſieurs, ainſi qu'il ſera ordonné, à un pas de diſtance l'un de l'autre, les pieds ſur le même alignement, ſéparés d'un demi-pied, portant le mouſqueton dans l'attitude expliquée au vingt-unième commandement du maniement des armes à pied.

Après que l'on aura examiné ſi les Cavaliers ſont bien placés, s'ils portent bien leurs armes, & ſi tout leur équipement eſt en bon état, on leur fera exécuter les commandemens ſuivans :

Prenez garde à vous, on va faire l'inſpection.

A cet avertiſſement, les Cavaliers placeront le porte-cartouche ſur le devant de la hanche droite, ils le découvriront de la main droite, en renverſant les pattes, & les mettant entre le corps & le porte-cartouche.

1. *Préſentez le mouſqueton.*

En deux temps : au premier, on portera la main droite à la poignée.

Au deuxième, on lèvera le mouſqueton, & on le portera perpendiculairement devant ſoi, la platine en avant à la hauteur de la bouche, le coude droit ferré près du corps, la platine à hauteur de la cravatte, le pouce alongé fur la contre-platine.

Après ce premier commandement, on fera l'infpection du moufqueton & du porte-cartouche ; obfervant s'il fera garni au moins de quatre cartouches en poudre & en balles d'une pierre, d'un tire-bourre & d'une pièce graffe.

2. *Portez le moufqueton.*

En deux temps : au premier, on portera le moufqueton à gauche vis-à-vis l'épaule, la main gauche fous la croffe, tenant le moufqueton perpendiculaire, le canon en dehors.

Au deuxième, comme au fecond temps du vingt-unième commandement du maniement des armes à pied.

Après l'exécution de ce commandement, les Cavaliers replaceront leur porte-cartouche.

3. *Paffez le moufqueton du côté de l'épée.*

En trois temps : au premier, on portera la main droite à la poignée, fans remuer le moufqueton.

Au deuxième, en levant le moufqueton de la main droite, la platine en dehors, on portera en même temps la main gauche au deffus & contre la platine, le pouce alongé le long du canon vis-à-vis le menton, le coude droit près du corps, le moufqueton droit entre les deux yeux.

Au troifième, quittant le moufqueton de la main droite, on portera la croffe à gauche, le tenant de la main gauche au deffus & contre la platine, le bras gauche demi-tendu, le poignet appuyé à la hanche gauche, tournant de cette même main le moufqueton, de manière que la baguette fe trouve du côté du corps : on la prendra tout de fuite avec le pouce & le premier doigt de la main droite, le pouce alongé vers le gros bout de la baguette.

4. *Tirez la baguette.*

En un temps, comme au dix-feptième commandement du maniement des armes à pied.

5. *Mettez*

5. *Mettez la baguette dans le canon.*

En un temps : on mettra la baguette dans le canon, & on replacera la main droite au bout du moufqueton.

Après ce commandement, celui qui fera l'infpection examinera fi les armes ne font point chargées.

6. *Remettez la baguette.*

En un temps , comme au dix-neuvième commandement du maniement des armes à pied.

On ne fera les commandemens qui fuivent, jufques & compris le dix-feptième, que quand on voudra faire charger les armes : hors ce cas, on paffera tout de fuite du fixième commandement au dix-huitième.

7. *A droite, retirez le moufqueton.*

En un temps : on fera à droite fur le talon gauche, & on retournera en même temps le moufqueton, portant le bout à gauche & la croffe à droite, qu'on faifira de la main droite à la poignée, & qu'on appuiera à la hanche, plaçant le moufqueton horizontalement ou armes plattes, la contre-platine fur le ceinturon, la main gauche contre le haut de la platine, le pouce alongé le long du bois, les deux pieds fur la même ligne, la pointe du pied gauche regardant le bout du canon.

8. *Découvrez le baffinet.*

En un temps : on découvrira le baffinet en pouffant ferme la batterie avec le pouce droit; & on reportera la main droite à la poignée.

9. *Prenez la cartouche.*

10. *Déchirez la cartouche avec les dents.*

11. *Amorcez.*

12. *Fermez le baffinet.*

13. *Paffez le moufqueton du côté de l'épée.*

14. *Mettez la cartouche dans le canon.*

15. *Tirez la baguette.*

16. *Bourrez.*

17. *Remettez la baguette.*

18. *Haut le mousqueton.*

19. *Portez le mousqueton.*

Ces onze commandemens s'exécuteront comme il est dit au maniement des armes à pied, depuis le onzième commandement jusques & compris le vingt-unième.

20. *Mousqueton à la grenadière.*

21. *Préparez-vous pour mettre le sabre à la main.*

22. *Sabre à la main.*

Ces trois commandemens s'exécuteront comme aux vingt-sixième, vingt-septième & vingt-huitième du maniement des armes à pied.

23. *Présentez le sabre.*

En un temps : on portera le sabre brusquement devant soi, présentant le plat de la lame la pointe haute, le bras demi-tendu, le bout du pouce contre la coquille, la coquille à hauteur de la cravatte ; & après que le côté droit aura été vû, on fera tourner la poignée du sabre dans la main, pour faire voir l'autre côté de la lame, à mesure que l'Officier faisant l'inspection arrivera. Lorsqu'il l'aura vûe des deux côtés, on le remettra dans la première position de sabre présenté ; & quand il sera passé, les Cavaliers remettront le sabre à l'épaule.

24. *Remettez le sabre.*

25. *Portez le mousqueton.*

Comme aux vingt-neuvième & trentième commandemens du maniement des armes à pied.

Lorsqu'une troupe sortira du service à pied, le Commandant fera décharger les armes aux Cavaliers avant de les renvoyer au quartier.

DE L'INSPECTION A CHEVAL.

QUAND les Cavaliers qui auront été commandés à cheval, seront arrivés au rendez-vous, ils s'y mettront en bataille sur un ou plusieurs rangs, selon qu'il sera ordonné.

Le Commandant pourra faire défiler les Cavaliers pour les voir, en allant par leur gauche, & en revenant par leur droite, & examiner s'il ne manque rien à leur équipement ou à celui de leurs chevaux : il passera du moins devant & derrière chaque rang pour faire cet examen.

Lorsqu'il l'aura fini, il fera compter les Cavaliers par quatre, jusqu'à la fin de chaque rang.

Il fera ensuite les commandemens suivans :

Prenez garde à vous ; préparez-vous pour l'inspection.

A cet avertissement, les Cavaliers ajusteront les rênes en deux temps, comme au maniement des armes à cheval, & ils placeront le porte-cartouche comme à l'inspection à pied.

1. *Dégagez le mousqueton.*

2. *Haut le mousqueton.*

Comme aux premier & deuxième commandemens du maniement des armes à cheval.

3. *Présentez le mousqueton.*

En un temps : on présentera le mousqueton, le tenant par la poignée perpendiculairement, le pouce alongé sur la contre-platine, & la platine en avant.

Après ce commandement, on fera l'inspection du mousqueton.

4. *Haut le mousqueton.*

En un temps : on portera la crosse sur le haut de la cuisse droite, le bout du mousqueton haut en avant.

5. *Paſſez le mouſqueton du côté de l'épée.*

En deux temps : au premier, portant le bout du mouſqueton à droite, on fera paſſer la croſſe à gauche entre les
rênes & le corps, tournant la platine en deſſus, la baguette
du côté du corps : on ſaiſira le mouſqueton de la main
gauche, au deſſus & contre la platine, ſans quitter les rênes.

Au deuxième, en plaçant la croſſe entre la fonte & l'épaule
du cheval, on tiendra le bout du mouſqueton vis-à-vis l'épaule
droite, & de la main droite on prendra la baguette avec le
pouce & le premier doigt que l'on repliera ainſi que les
autres, alongeant le pouce vers le bout de la baguette.

6. *Tirez la baguette.*

En un temps, comme au dix-ſeptième du maniement des
armes à pied.

7. *Mettez la baguette dans le canon.*

En un temps : on mettra la baguette dans le canon ; &
avec la main droite on empoignera le bout du mouſqueton, le pouce alongé le long du bois.

Après l'exécution de ce commandement, on examinera
la cartouche & ſi les armes ne ſont point chargées, & les
Cavaliers replaceront enſuite la cartouche.

8. *Remettez la baguette.*

En un temps, comme au dix-neuvième du maniement
des armes à pied.

9. *Haut le mouſqueton.*

En deux temps, comme au dix-huitième du maniement
des armes à cheval.

On ne fera les commandemens qui ſuivent, juſques &
compris le vingt-unième, que quand on voudra faire
charger les armes : hors ce cas, on paſſera tout de ſuite
du neuvième commandement au vingt-deuxième.

10. *Retirez le mouſqueton.*

En un temps, comme au ſeptième du maniement des
armes à cheval.

11. Découvrez

11. *Découvrez le baffinet.*

En un temps : on découvrira le baffinet en pouffant ferme la batterie avec le pouce droit, & on reportera la main à la poignée.

12. *Prenez la cartouche.*

En un temps, comme au neuvième du maniement des armes à cheval.

13. *Déchirez la cartouche avec les dents.*

14. *Amorcez.*

15. *Fermez le baffinet.*

Ces trois commandemens s'exécuteront comme aux douzième, treizième & quatorzième du maniement des armes à pied.

16. *Paffez le moufqueton du côté de l'épée.*

En deux temps, comme au treizième du maniement des armes à cheval.

17. *Mettez la cartouche dans le canon.*

18. *Tirez la baguette.*

19. *Bourrez.*

20. *Remettez la baguette.*

Ces quatre commandemens, comme aux seizième, dix-septième, dix-huitième & dix-neuvième du maniement des armes à pied.

21. *Haut le moufqueton.*

En deux temps, comme au dix-huitième du maniement des armes à cheval.

22. *Moufqueton à la grenadière.*

En trois temps, comme au trente-cinquième du maniement des armes à cheval.

23. *Prenez le piftolet gauche.*

En deux temps : au premier, on prendra avec la main droite le piftolet gauche à la croffe, par-deffus les rênes & la main gauche.

f

Au deuxième, on le tirera de la fonte & on le mettra dans la main gauche, dont on le prendra à la poignée, le tenant droit, la platine en avant.

24. *Mettez la baguette dans le canon.*

En un temps : on tirera la baguette de son lieu, & on la mettra dans le canon.

25. *Prenez le pistolet droit.*

En deux temps : au premier, on portera la main droite sur le pistolet droit, les doigts entre la crosse & la selle, les ongles & le pouce en dessus de la crosse.

Au deuxième, on le tirera brusquement en le retournant : on le placera à côté de l'autre & on le tiendra avec la main gauche en passant les doigts dans la soûgarde.

26. *Mettez la baguette dans le canon.*

En un temps, on tirera la baguette & on la mettra dans le canon ; & reprenant ce pistolet avec la main droite à la poignée, on les tiendra tous les deux au dessus du pommeau de la selle, les platines en avant.

Après ce commandement, on verra si les pistolets ne sont pas chargés ; & dès que le Commandant sera passé, les Cavaliers remettront le pistolet droit dans la main gauche, comme au deuxième temps du vingt-cinquième commandement.

27. *Remettez les baguettes.*

En deux temps : au premier, on retirera la baguette du canon du dernier pistolet & on la mettra en son lieu.

Au deuxième, on retirera l'autre baguette du canon, on la remettra en son lieu, & on reportera la main droite à la poignée dudit pistolet.

28. *Remettez le dernier pistolet.*

En un temps : on le remettra dans la fonte gauche.

On passera les commandemens suivans jusques & compris le trente-sixième, quand on ne voudra point faire charger les pistolets.

29. *Découvrez le baffinet.*

En deux temps : au premier, on prendra avec la main droite le premier piftolet par la poignée, & on le baiffera fur la main gauche.

Au deuxième, on découvrira le baffinet en pouffant ferme la batterie avec le pouce droit, & on reportera la main droite à la poignée.

30. *Prenez la cartouche.*

31. *Déchirez la cartouche avec les dents.*

32. *Amorcez.*

Comme aux douzième, treizième & quatorzième commandemens.

33. *Fermez le baffinet.*

En un temps : on fermera le baffinet, & du même temps on pouffera la croffe du piftolet à gauche avec la main droite, tenant toûjours la cartouche dans les doigts, & le piftolet de la main gauche, la platine en deffus.

34. *Mettez la cartouche dans le canon.*

En un temps : on mettra la cartouche dans le canon; on faifira la baguette avec le pouce & les deux premiers doigts, la paume de la main vers le bout du piftolet.

35. *Tirez la baguette.*

En un temps : on tirera brufquement la baguette, & en la retournant on préfentera le gros bout vis-à-vis le canon.

36. *Bourrez.*

En un temps : on bourrera deux fois, on remettra la baguette en fon lieu, & on prendra le piftolet avec la main droite à la poignée, le tenant droit devant foi.

37. *Remettez le piftolet.*

En deux temps : au premier, on mettra le piftolet dans la fonte.

Au deuxième, on portera la main droite fur la cuiffe droite.

On paſſera encore le commandement qui ſuit ſi l'on ne veut pas faire charger les piſtolets.

38. *Piſtolet à la main.*

En deux temps: au premier, on portera la main droite ſur la croſſe du piſtolet gauche, par deſſus la main gauche & les rênes.

Au deuxième, on le tirera de la fonte, & on le portera ſur la main gauche, dont on l'empoignera, tenant le bout un peu élevé.

Pour charger ce ſecond piſtolet & le remettre, on répétera les mêmes commandemens que pour le premier, à commencer du vingt-neuvième juſques & compris le trente-ſeptième.

39. *Préparez-vous pour mettre le ſabre à la main.*

En un temps, comme au trentième du maniement des armes à cheval.

40. *Sabre à la main.*

En un temps, comme au vingt-huitième du maniement des armes à pied.

41. *Préſentez le ſabre.*

En un temps, comme au vingt-troiſième de l'inſpection à pied.

Après ce commandement, le Commandant fera l'inſpection du ſabre.

42. *Remettez le ſabre.*

En deux temps, comme au vingt-neuvième du maniement des armes à pied, ſans quitter les rênes, que l'on ajuſtera tout de ſuite ſans commandement.

43. *Reprenez le mouſqueton.*

44. *Remettez le mouſqueton en ſon lieu.*

Comme aux trente-ſixième & trente-ſeptième du maniement des armes à cheval.

Si

Si on veut faire l'infpection à pied d'une troupe qui eft à cheval, on la fera mettre pied à terre après le quarante - deuxième commandement, comme il fera dit ci-après à la cinquième manœuvre pour une compagnie: on fera enfuite les commandemens de l'infpection à pied qu'on jugera néceffaires; & après que la troupe fera remontée à cheval, on fera les quarante-troifième & quarante-quatrième commandemens.

DES PRINCIPES GÉNÉRAUX
POUR LES MANŒUVRES.

Pour faire manœuvrer une troupe, il faut être inftruit des principes généraux fur lefquels fes mouvemens doivent être réglés.

Un rang eft formé de plufieurs hommes placés à côté les uns des autres. *Rangs & files.*

Une file eft formée de plufieurs hommes, les uns derrière les autres.

Les hommes d'un même rang doivent être bien alignés, ni trop ouverts ni trop ferrés.

Pour être bien alignés, foit à pied, foit à cheval, il faut que les épaules des Cavaliers foient fur la même ligne.

Pour n'être ni trop ouverts ni trop ferrés, fi c'eft à pied, il faut que les coudes fe touchent fans fe gêner ; fi c'eft à cheval, que les bottes fe touchent fans que les Cavaliers fe ferrent, ni fe bleffent réciproquement.

Les rangs feront toûjours auffi ferrés qu'il fera poffible, fans donner d'atteintes aux chevaux.

Toute troupe étant fous les armes, obfervera le filence pour entendre le commandement, & on punira ceux qui ne le garderont pas. *Silence.*

Chaque commandement fera précédé de cet aver-tiffement: *Prenez garde à vous*, après lequel on expliquera *Commandemens.*

aux Cavaliers ce qu'ils devront exécuter. Ils ne se mettront en mouvement qu'au mot *Marche*, si c'est pour aller en avant ; ou *Reculez*, si c'est pour aller en arrière, & ils ne s'arrêteront qu'au mot *Halte*. Si l'on veut qu'ils marchent en avant, après un quart de conversion, on dira : *Marchez droit*.

La première règle pour se mouvoir & pour marcher, est de s'éloigner le moins qu'il est possible de l'ordre de bataille, & de préférer les manœuvres par lesquelles on peut le plus promptement & avec moins de chemin se reformer.

On observera aussi de faire tous les mouvemens quarrément, autant qu'il sera possible.

Regarder sa droite en marchant en avant.

LORSQUE les Cavaliers marcheront devant eux, ils regarderont leur droite pour s'aligner sur elle.

Conversions.

ON ne fera jamais rompre ou tourner une troupe sans l'ébranler auparavant.

Dans tous les mouvemens qui se font à droite, la gauche marchant, le Cavalier doit toûjours regarder sa droite, plaçant la tête de ce côté, & ne se séparer jamais de celui qui est à sa droite.

Quand le mouvement se fera à gauche, la droite marchant, il observera au contraire de regarder sa gauche, la tête tournée de ce côté, & de ne se point séparer du Cavalier de sa gauche.

Lorsqu'une troupe marchant en colonne tournera sur sa droite ou sur sa gauche, les Cavaliers qui suivent marcheront droit devant eux jusqu'au terrein où ceux qui les précédent auront tourné, sans se porter d'avance ni sur leur droite ni sur leur gauche.

Lorsqu'on fera un quart de conversion à droite ou à gauche, sur-tout si c'est par escadron entier, on observera principalement d'éviter que le centre de l'escadron ne reste en arrière ; & pour cet effet, la partie la plus voisine du pivot doit plûtôt marcher un peu en avant, & finir son mouvement la première , parce que l'aîle qui marche aura toûjours la facilité de la rejoindre.

Les Cavaliers des deuxième & troisième rangs observeront de suivre exactement leurs chefs de file , sur-tout dans les quarts de conversion ; & pour y parvenir , ils se porteront un peu vers le côté opposé à celui sur lequel la troupe tournera.

L E S Commandans de troupe auront continuellement *Distances.* attention à ne jamais laisser plus d'intervalle d'une division à l'autre , qu'il n'en faut à leur division pour se remettre en bataille ; observant que comme chaque cheval occupe un pas de front, & trois pas en sa longueur, la division qui le précède lui laissera six pas au de-là de l'intervalle qui sera entre les deux troupes , si on est à cheval sur deux rangs ; & neuf pas si on est à cheval sur trois rangs ; & conséquemment que l'intervalle qu'il aura à conserver , devra être moindre de six ou de neuf pas, que l'étendue du front de sa troupe.

Lorsqu'une troupe marche par un , par deux, ou par quatre Cavaliers, comme elle occupe alors plus de terrein qu'il ne lui en faut pour se remettre en bataille, on n'observera point de distance entre les rangs , ni entre les compagnies & escadrons, qu'autant qu'il sera nécessaire pour la place de l'Officier qui les commandera.

La distance ordinaire d'un escadron à l'autre, étant en bataille , doit être de vingt-quatre pas, c'est-à-dire, de la moitié du front de l'escadron.

Les escadrons qui seront en seconde ligne, conserveront d'un escadron à l'autre une distance égale à leur front.

Lorsqu'une troupe sera en colonne, au commandement de *Marche*, toutes les divisions se mettront en mouvement en même temps, pour conserver toûjours le même intervalle de l'une à l'autre.

L O R S Q U'O N fera un commandement différent pour *Commandemens compofés.*

la droite & pour la gauche, le commandement pour la droite sera toûjours énoncé le premier.

Exécution des manœuvres. ON fera d'abord exécuter les manœuvres au pas & lentement, ensuite plus légèrement à mesure que la troupe se trouvera plus instruite, jusqu'à ce qu'elle puisse les faire avec toute la vivacité nécessaire.

On fera aussi exécuter à pied celles qui devront être faites à cheval, afin que l'attention du Cavalier n'étant point divisée par le soin de conduire son cheval, il conçoive plus aisément ce qu'il aura à faire.

Toute la Cavalerie s'instruira à appuyer sur sa droite & sur sa gauche, en fuyant des talons.

Elle sera exercée, tantôt sur deux rangs & tantôt sur trois rangs ; l'intention du Roi étant qu'elle sache combattre de ces deux manières : cependant, attendu que sa composition actuelle convient mieux pour se former sur deux rangs, on préférera cette façon dans le cours ordinaire du service.

Les régimens rassemblés, ou les compagnies séparées, s'exerceront au moins deux fois la semaine, depuis le premier mai jusqu'au semestre, & une fois par semaine pendant l'hiver.

DES MANŒUVRES

POUR UNE COMPAGNIE.

LES Cavaliers étant instruits des différens maniemens des armes, on les réunira à la compagnie pour les exercer avec elle, au nombre de vingt-quatre seulement, soit que l'exercice se fasse à pied ou à cheval, & qu'il soit général ou particulier.

Les vingt-quatre Cavaliers commandés par compagnie, se rendront au rendez-vous indiqué à leur quartier, ou à la porte du Commandant de la troupe, une demi-heure avant celle qui aura été marquée pour l'exercice.

Ils

Ils y amèneront leurs chevaux, les tenant de la main droite par la branche gauche du mors, le bout des rênes dans la main gauche.

Ils se rangeront par ancienneté sur un seul rang; le Commandant en fera l'inspection à pied, ou à cheval après les y avoir fait monter.

Il disposera ensuite la compagnie pour être sur deux rangs, dans l'ordre qui suit: les deux Brigadiers restant à la droite de la compagnie, il fera passer par derrière deux Carabiniers, qu'il placera le onzième & le douzième du rang, & deux anciens Cavaliers, les treizième & vingt-quatrième, de manière que quand on formera les rangs, les droites & les gauches se trouveront garnies des plus anciens Cavaliers de la compagnie; ce qu'il observera également si la compagnie se trouvoit au dessous du nombre de vingt-quatre.

Il fera compter tous ces Cavaliers par quatre, commençant par la droite.

Il fera rompre la compagnie comme il le jugera à propos, pour la conduire sur le terrein destiné pour l'exercice.

Il l'y fera reformer sur un seul rang.

Il lui fera exécuter le maniement des armes; & à l'avertissement qui le précède, les Officiers passeront en avant, & s'aligneront derrière celui qui le commande, le Maréchal-des-logis se tenant derrière.

Le maniement des armes étant fini, le Commandant dira : *Messieurs, le maniement des armes est fini.* A cet avertissement, les Officiers viendront se placer à la tête de leur compagnie, & le Maréchal-des-logis restera derrière.

Il fera faire ensuite telles des manœuvres suivantes qu'il jugera à propos, ayant soin cependant que les Cavaliers soient exercés à les faire toutes.

1.re
MANŒUVRE.

AU PAS ET AU TROT.

ON fera d'abord faire cette manœuvre au pas & lentement, ensuite on la fera exécuter au trot.

1.er
Commandement.

Prenez garde à vous.

Au trot, marche.

La compagnie marchera au trot, droit devant elle.

2.me

Prenez garde à vous.

A droite par compagnie.

Marche.

La droite soûtiendra le Cavalier qui la ferme, faisant seulement un à droite: la gauche marchera jusqu'au commandement *Halte*, & ce mouvement se fera légèrement.

3.me

Prenez garde à vous.

Au trot, marche.

A gauche par compagnie.

Marche.

La gauche soûtiendra; la droite marchera légèrement jusqu'au commandement *Halte*.

4.me

Prenez garde à vous.

Au trot, marche.

Par compagnie demi-tour à droite.

Marche.

La droite soûtiendra; la gauche fera légèrement la demi-conversion, & s'arrêtera au commandement *Halte*.

5.me

Prenez garde à vous.

Au trot, marche.

Par compagnie demi-tour à gauche.

Marche.

La gauche foûtiendra ; la droite fera légèrement la demi-converfion, & s'arrêtera au commandement *Halte*.

Prenez garde à vous.

Préparez-vous pour mettre le fabre à la main.

En un temps, comme au trentième du maniement des armes à cheval.

6.me Commandement.

Sabre à la main.

En un temps, comme au vingt-huitième du maniement des armes à pied.

7.me

Prenez garde à vous.
Au trot, marche.

On marchera au trot, bien alignés, ni trop ouverts, ni trop ferrés.

8.me

Sonnez la charge.

Lorfque le Trompette fonnera la charge, les Cavaliers fe lèveront droit fur leurs étriers, & porteront leur fabre haut comme s'ils vouloient frapper, tenant la lame un peu en travers, la pointe en arrière, plus haute d'un pied que la main.

9.me

Halte.
Portez vos fabres.
Au trot, marche.

10.me

Ils feront halte, mettront leur fabre à l'épaule, & remarcheront au trot jufqu'au commandement *Halte ;* enfuite on fera remettre les fabres.

TIRER EN AVANT.

11.me MANŒUVRE.

COMME les chevaux étant habitués à manœuvrer dans le rang, on a fouvent beaucoup de peine à les en faire fortir ; pour leur ôter ce vice & les accoûtumer au feu, on fera fortir un, deux ou trois Cavaliers en avant du rang; obſervant de ne pas choiſir ceux qui ſe joignent, mais le premier, le quatrième, le ſeptième, & ainſi des autres: on leur fera accrocher leur mouſqueton, le tirer, le laiſſer tomber, mettre le ſabre à la main, le laiſſer tomber pendu à la main par le cordon, tirer un ou les deux piſto-lets, reprendre leur ſabre, le remettre; après quoi ils iront ſe replacer dans le rang en paſſant par derrière.

On en uſera ainſi pour toute la compagnie ſucceſſi-vement.

III.ᵐᵉ
MANŒUVRE.

SE FORMER SUR DEUX RANGS.

AVANT de faire le commandement pour mettre la compagnie ſur deux rangs, le Commandant en mar-quera la moitié, & avertira le premier & le treizième Cavalier de ſoûtenir, le douzième & le vingt-quatrième de marcher.

1.ᵉʳ
Commandement.

Prenez garde à vous.

Marche.

A droite par demi-compagnie, formez deux rangs.
Marche.

Le premier & le treizième Cavalier ſoûtiendront en faiſant ſimplement à droite; le douzième & le vingt-qua-trième marcheront, & ne s'arrêteront qu'au commandement *Halte.*

2.ᵐᵉ

Prenez garde à vous.

Je parle au ſecond rang pour ſerrer en avant.
Marche.

Le ſecond rang ſerrera ſur le premier le plus près qu'il pourra, les Cavaliers ſe plaçant exactement derrière leurs chefs de file, qu'ils auront l'attention de connoître & de ſuivre dans tous les mouvemens avec la plus grande préciſion.

Le Commandant avertira alors la file de ſa droite, compoſée de deux hommes, qu'elle eſt ſa droite, & la
file

file de fa gauche qu'elle eft fa gauche ; il avertira de même la fixième file qu'elle eft la gauche de la demi-compagnie, & la feptième qu'elle eft la droite de la demi-compagnie.

Il aura la même attention à avertir les droites & les gauches de la compagnie, lorfqu'elle fera formée fur trois rangs.

Prenez garde à vous.
Marche.

A gauche par compagnie.
Marche.

3.^e
Commandement.

La file de la droite marchera pendant que celle de la gauche foûtiendra : l'homme de la gauche du premier rang fera fimplement à gauche, celui de la gauche du fecond rang fe portera un peu à droite pour fe trouver derrière fon chef de file ; le tout s'arrêtera au commandement *Halte*.

DEMI-TOUR A DROITE PAR HOMME.

IVe
MANŒUVRE.
1.er
Commandement.

Prenez garde à vous.

Vous allez faire demi-tour à droite par homme.

Je parle au premier rang pour marcher trois pas en avant.

Marche.

Le premier rang marchera trois pas, & fera *halte* à ce commandement.

Par un Cavalier d'intervalle, bride en main.

Reculez.

2.^e

Les nombres pairs reculeront de la longueur d'un cheval, tous feront tout de fuite demi-tour à droite ; & ceux qui avoient reculé rentreront dans leurs rangs fans commandement, en marchant en avant.

On répétera cette manœuvre une feconde fois.

i

On ne la fera qu'en cas de néceffité; on n'en donne la méthode que pour tâcher qu'elle fe faffe avec le moins de confufion qu'il fera poffible.

<table>
<tr><td>

V.^e
MANŒUVRE.
1.er
Commandement.

</td><td>

METTRE PIED A TERRE.

Prenez garde à vous.
Pour mettre pied à terre.
Par un Cavalier d'intervalle, bride en main.
Reculez.

</td></tr>
</table>

Les Cavaliers qui ont compté les nombres pairs, reculeront de la longueur d'un cheval.

S'il falloit faire ce mouvement en avant, on fe fervira du commandement fuivant.

Par un Cavalier d'intervalle, en avant.
Marche.

Les Cavaliers qui ont compté les nombres impairs, marcheront en avant de la longueur de leurs chevaux.

Pied à terre.

En deux temps: au premier, ils quitteront l'étrier droit, & avec la main droite ils prendront l'étrivière, relèveront l'étrier fur le col des chevaux, en tirant & faifant paffer l'étrivière par deffous le quartier de la felle; ils prendront dans le même inftant une poignée de crin avec la main gauche fans quitter les rênes, & mettront la main droite fur l'arçon de devant, les doigts en dedans & le pouce en dehors.

Au deuxième, s'appuyant fur l'arçon de devant, ils s'élèveront fur l'étrier gauche, pafferont la jambe droite tendue par deffus la croupe, & prendront en même temps le trouffequin avec la main droite pour fe foûtenir en arrivant à terre : ils prendront tout de fuite l'étrier gauche, tirant & faifant paffer l'étrivière, ainfi qu'ils auront fait de la droite, fous le quartier de la felle; mettront l'étrier fur le col du cheval, & pafferont le bras gauche dans les rênes, faifant face à leurs chevaux, & tenant de la main gauche la branche gauche du mors.

Reprenez vos rangs.

3.^e
Commandement.

En un temps: ils feront un demi-tour à droite, tournant le dos à leurs chevaux ; & les Cavaliers comptés pairs s'avanceront pour rentrer dans le rang, & s'aligner avec ceux qui font devant eux, quittant tous la branche du mors.

MONTER A CHEVAL.

VIe
MANŒUVRE.
1.er
Commandement.

Prenez garde à vous.

A cheval.

En trois temps: au premier, tous les Cavaliers feront demi-tour à gauche fur le talon gauche, prendront le bout des rênes avec la main droite, les pafferont fur le col du cheval ; & avec la gauche, ils prendront la branche gauche du mors, & abatront l'étrier de la main droite.

Au deuxième, les Cavaliers qui font comptés pairs, feront reculer leurs chevaux, prendront une poignée de crin de la main gauche, & de la droite l'étrier; chaufferont le pied gauche dedans, & enfuite porteront la main droite au trouffequin.

Au troifième, avec l'aide des deux mains & l'appui du pied gauche, ils monteront à cheval légèrement & enfemble, abattront l'étrier droit, ajufteront les rênes & reprendront leur rang fans autre commandement.

Prenez garde à vous.

2.^e

Je parle au fecond rang pour ferrer en avant.

Marche.

Le fecond rang ferrera en avant tout près du premier.

Après cette manœuvre on dira : *Meffieurs les Officiers, dans le rang ;* & à cet avertiffement, le Commandant demeurant en avant, les autres Officiers fe mettront à la droite & à la gauche du premier rang, alignés avec lui.

i ij

<table>
<tr><td>

VII.
MANŒUVRE.

1.er
Commandement.

2.^e

3.^e

4.^e

</td><td>

DES A DROITE ET A GAUCHE
PAR DEMI-COMPAGNIE.

</td></tr>
</table>

DES A DROITE ET A GAUCHE
PAR DEMI-COMPAGNIE.

Prenez garde à vous, marche.

A droite par demi-compagnie.

Marche.

La première & la septième file soûtiendront, la sixième & la douzième marcheront, & ne s'arrêteront qu'au commandement *Halte.*

Prenez garde à vous, marche.

A gauche par demi-compagnie.

Marche.

Les files qui se trouveront tout-à-fait à la gauche, soûtiendront; celles qui ferment la droite, marcheront & s'arrêteront lorsqu'elles seront à la hauteur de celles qui ont soûtenu, & qu'elles seront alignées avec leur rang.

Prenez garde à vous, marche.

Par demi-compagnie, demi-tour à droite.

Marche.

Les première & septième files soûtiendront, les sixième & douzième marcheront, & s'arrêteront ainsi qu'au deuxième commandement.

Prenez garde à vous, marche.

Par demi-compagnie, demi-tour à gauche.

Marche.

Les sixième & douzième files soûtiendront, les première & septième files marcheront, & s'arrêteront ainsi qu'aux commandemens précédens.

Cette manœuvre demande plus d'attention pour l'exécution lorsque la compagnie ne se trouve pas complette au nombre de vingt-quatre Cavaliers.

DES

DES A DROITE ET A GAUCHE
PAR COMPAGNIE.

Prenez garde à vous ; marche.
A droite par compagnie.
Marche.

VIII.ᵉ
MANŒUVRE.

1.ᵉʳ
Commandement.

La file de la droite foûtiendra , la gauche marchera jufqu'au commandement *Halte.*

Prenez garde à vous ; marche.
A gauche par compagnie.
Marche.

2.ᵉ

La file de la gauche foûtiendra , & celle de la droite
marchera jufqu'au commandement *Halte.*

Prenez garde à vous ; marche.
Par compagnie demi-tour à droite.
Marche.

3.ᵉ

La file de la droite foûtiendra , celle de la gauche marchera & fera une demi-converfion jufqu'au commandement
Halte.

Prenez garde à vous ; marche.
Par compagnie demi-tour à gauche.
Marche.

4.ᵉ

La file de la gauche foûtiendra , & celle de la droite marchera pour faire une demi-converfion , jufqu'au commandement *Halte.*

Cette manœuvre eft la meilleure de toutes pour fe
rompre à droite & à gauche & faire face derrière foi.

k

<table><tr><td>IXe
MANŒUVRE.</td><td>

ROMPRE LA COMPAGNIE ET MARCHER
EN AVANT PAR QUATRE.

</td></tr></table>

IXe
MANŒUVRE.

ROMPRE LA COMPAGNIE ET MARCHER
EN AVANT PAR QUATRE.

Prenez garde à vous.

*Pour rompre la compagnie & marcher en avant
par quatre.*

Marche.

Les quatre Cavaliers de la droite du premier rang marcheront en avant, les huit autres du même rang se rompront à droite par quatre & suivront les premiers. Dès qu'ils
auront fait encore un quart de conversion à gauche, les
quatre de la droite du second rang les suivront, pendant
que les huit autres du même rang se rompront à droite par
quatre.

X.^e
MANŒUVRE.

REMETTRE LA COMPAGNIE EN BATAILLE
EN AVANT.

Halte.

Pour remettre la compagnie sur deux rangs en avant.

Marche.

Les quatre Cavaliers qui forment le premier rang, marcheront quatre pas; ceux du deuxième rang feront un quart
de conversion à gauche pour se former par un quart de
conversion à droite, à côté du premier rang, pendant que
les quatre autres rangs marcheront toûjours en avant; le
troisième fera son quart de conversion à gauche lorsqu'il
sera arrivé à la place où le deuxième l'a fait, & se reformera ensuite; le quatrième serrera sur le premier & fera
halte; le cinquième fera ce qu'a fait le deuxième; & le
sixième, ce qu'a fait le troisième.

XIe
MANŒUVRE.

ROMPRE LA COMPAGNIE ET MARCHER
A DROITE PAR QUATRE.

Prenez garde à vous.

Pour rompre la compagnie à droite par quatre.

Marche.

Le premier rang fera à droite par quatre ; lorſque les derniers Cavaliers de ce rang auront dépaſſé le ſecond rang, celui-ci marchera en avant ſur le terrein qu'occupoit le premier, fera de même à droite par quatre, & ſuivra.

FORMER LA COMPAGNIE SUR SA GAUCHE.

XII.
MANŒUVRE.

Halte.

Pour former la compagnie ſur deux rangs à gauche.

Marche.

Les trois premiers rangs feront à gauche par quatre, & marcheront quatre pas en avant, pendant que les trois autres marcheront toûjours devant eux juſqu'à ce que le quatrième rang ſoit arrivé à la hauteur du quatrième Cavalier du premier rang ; alors les trois derniers rangs feront de même à gauche par quatre.

ROMPRE LA COMPAGNIE ET MARCHER

XIII.
MANŒUVRE.

A GAUCHE PAR QUATRE.

Prenez garde à vous.

Pour rompre la compagnie & marcher à gauche par quatre.

Marche.

Les quatre Cavaliers de la droite marcheront quatre pas en avant & feront un quart de converſion à gauche ; les quatre d'enſuite marcheront auſſi quatre pas en avant & feront le même quart de converſion ; lorſque les premiers feront paſſés, les quatre autres en feront de même.

Ceux de la droite du ſecond rang marcheront en avant dès que ceux qui ſont devant eux leur auront laiſſé le terrein libre ; & les autres en uſeront comme aura fait le premier rang.

Lorſque les compagnies ne feront pas dans l'obligation de marcher par leur droite, & qu'on voudra ſimplement marcher à gauche, on les fera marcher à colonne renverſée, exécutant par la gauche ce qu'on a exécuté par la

k ij

droite à la onzième manœuvre; & alors, pour les remettre, on exécutera la douzième manœuvre en faisant les quarts de converſion à droite.

<table>
<tr><td>XIVe
MANŒUVRE.</td><td>

FORMER LA COMPAGNIE SUR SA DROITE.

Halte.

Pour former la compagnie ſur deux rangs à droite.

Marche.

</td></tr>
</table>

Le premier rang fera un quart de converſion à droite & marchera quatre pas, les autres marchant toûjours : lorſque le deuxième rang ſera arrivé à la hauteur de la gauche du premier, il fera ſon quart de converſion à droite ; & ainſi du troiſième, lorſqu'il ſera arrivé à la gauche du deuxième ; le quatrième fera ſon quart de converſion lorſqu'il ſera arrivé à la hauteur de la droite du premier, & marchera pour ſerrer deſſus ; le cinquième & le ſixième en uſeront comme le deuxième & le troiſième.

<table>
<tr><td>XVe
MANŒUVRE.</td><td>

DÉFILER PAR UN, DEUX, QUATRE.

Prenez garde à vous.

Pour marcher un, deux, quatre.

Marche.

</td></tr>
</table>

Pour exécuter ce commandement, tout le premier rang fera d'abord les mouvemens ci - après , & le ſecond le ſuivra.

Si on marche par un, le deuxième Cavalier viendra prendre la place du premier & le ſuivra ; ſi on a commandé de marcher par deux, le troiſième & le quatrième Cavalier viendront, par un à droite par deux, prendre la place des deux premiers ; & ſi on a commandé de marcher par quatre, tout le premier rang fera à droite par quatre, comme il eſt dit à la neuvième manœuvre.

DOUBLER

DOUBLER LES RANGS, ET SE FORMER
PAR COMPAGNIE.

Lorfqu'après avoir défilé par un, on voudra former la compagnie, on la fera d'abord marcher par deux, enfuite par quatre, & enfin on la fera former en avant comme à la dixième manœuvre; & pendant tout le temps que les rangs doubleront, le premier rang fera halte, pour attendre la queue de la compagnie.

Prenez garde à vous.
Pour marcher deux.
Marche.

1.er Commandement.

Le premier rang s'arrêtera jufqu'à ce que les derniers Cavaliers aient doublé; après quoi on les fera marcher tous.

Prenez garde à vous.
Pour marcher quatre.
Marche.

2.me

Le premier rang s'arrêtera jufqu'à ce que les derniers rangs aient doublé par quatre; après quoi on marchera.

Prenez garde à vous.
Pour former la compagnie fur deux rangs en avant.
Marche.

3.me

La compagnie fe formera en avant comme à la dixième manœuvre.

Cette méthode remédiera à l'inconvénient dans lequel on tombe ordinairement quand on fe forme après avoir défilé, qui eft que la queue de la compagnie eft obligée de courir, ce qui eft plus fenfible lorfqu'il y a plufieurs compagnies & plufieurs efcadrons, & fait que les dernières troupes arrivent les chevaux étant effouflés & hors d'état de combattre.

<table>
<tr><td>

XVIIme
MANŒUVRE.

Ier
Commandement.

</td><td>

</td></tr>
</table>

XVIIme MANŒUVRE.

BORDER LA HAIE POUR UNE REVUE.

Ier Commandement.

Prenez garde à vous.
Par compagnie demi-tour à droite.
Marche.

Ce mouvement se fera comme à la huitième manœuvre, troisième commandement.

2.me

Prenez garde à vous.
Je parle au premier rang pour marcher neuf pas en avant.
Marche.

Le premier rang marchera neuf pas, bien aligné, & s'arrêtera au commandement *Halte*.

3.me

Prenez garde à vous.
A gauche par compagnie ; bordez la haie.
Marche.

La gauche de chaque rang soûtiendra, la droite marchera, & s'arrêtera aussi-tôt que la compagnie se trouvera sur un rang.

XVIIIme MANŒUVRE.

SE REMETTRE SUR DEUX RANGS.

Ier Commandement.

Prenez garde à vous.
A droite par demi-compagnie ; formez deux rangs.
Marche.

Comme au premier commandement de la troisième manœuvre.

2.me

Prenez garde à vous.
Je parle au second rang pour serrer en avant.
Marche.

Comme au deuxième commandement de la même manœuvre.

Prenez garde à vous.
Par compagnie demi-tour à gauche.
Marche.

3.me Commandement.

Comme au quatrième commandement de la huitième manœuvre.

FORMER LA COMPAGNIE SUR TROIS RANGS.

XIXme MANŒUVRE.

Prenez garde à vous.
Je parle au premier rang pour marcher neuf pas en avant.

1.er Commandement.

Marche.

Le premier rang marchera neuf pas, bien aligné, & s'arrêtera au commandement *Halte.*

Prenez garde à vous.
A gauche par compagnie, bordez la haie.
Marche.

2.me

La gauche de chaque rang soûtiendra, la droite marchera, & s'arrêtera dès que la compagnie se trouvera sur un seul rang.

La compagnie étant en haie, le Commandant la divisera en trois, & il fera ensuite les commandemens ci-après.

Prenez garde à vous.
A droite par tiers de compagnie, formez trois rangs.
Marche.

3.me

Les premier, neuvième & dix-septième Cavaliers soûtiendront; les huitième, seizième & vingt-quatrième marcheront, & s'arrêteront au commandement *Halte.*

Si la compagnie étoit au dessous du nombre de vingt-quatre, on laissera, s'il est nécessaire, une ou deux files

l ij

par compagnie, qui n'auront que deux hommes de hauteur.

4.me
Commandement.

Prenez garde à vous.

Je parle aux deux derniers rangs pour ferrer en avant.
Marche.

Les deux derniers rangs ferreront tous près.

XXme
MANŒUVRE.

REMETTRE LA COMPAGNIE SUR DEUX RANGS.

1.er
Commandement.

Prenez garde à vous.

Je parle aux deux premiers rangs,
Pour prendre en avant cinq pas de diftance d'un rang à l'autre.

Marche.

Le premier rang marchera, & ne fera fuivi par le deuxième que lorfqu'il fe trouvera entr'eux l'intervalle de cinq pas ; on dira *Halte* dès que ce même intervalle fe trouvera entre le deuxième & le troifième rang, & les deux premiers rangs s'arrêteront.

2.me

Prenez garde à vous, marche.

A gauche par compagnie, bordez la haie.
Marche.

Les gauches de chaque rang foûtiendront, & les droites marcheront jufqu'à ce que toute la compagnie ne forme qu'un rang.

Le Commandant marquera alors la demi-compagnie.

3.me

Prenez garde à vous.

A droite par demi-compagnie, formez deux rangs.
Marche.

Comme au premier commandement de la troifième manœuvre.

Prenez

Prenez garde à vous.

Je parle au second rang pour serrer en avant.

Marche.

4.me Commandement.

Comme au deuxième commandement de la même manœuvre.

Comme cette manœuvre, ainsi que la précédente, seroient dangereuses à faire à portée de l'ennemi ; en ce cas, on leur préférera celles qui suivent.

FORMER LA COMPAGNIE SUR TROIS RANGS
PAR UNE AUTRE MÉTHODE.

XXIme MANŒUVRE.

Prenez garde à vous, vous allez vous former sur trois rangs.

Ier Commandement.

Marche.

Que les quatre files du centre ne bougent pour former le troisième rang.

Je parle aux autres.

Marche.

Les quatre files de droite & de gauche marcheront en avant.

Formez le troisième rang.

2.me

Marche.

Les deux premiers rangs qui ont marché, appuyeront sur le centre ; & de ceux du centre qui sont demeurés, les quatre du premier rang appuyeront à droite de la jambe gauche, les quatre du second rang appuyeront à gauche de la jambe droite ; & ayant doublé sur les autres, tous serreront en avant, & le troisième rang sera formé.

Si les Cavaliers n'étoient pas encore formés à appuyer de la jambe gauche & de la jambe droite, on les fera marcher en avant pour serrer sur le centre, en y portant la tête de leurs chevaux.

m

On fera exécuter à la compagnie formée fur trois rangs, les huitième, neuvième, dixième, onzième, douzième, treizième, quatorzième, quinzième & feizième manœuvres, en fe conformant aux principes généraux qui ont été établis.

Il faudra, lorfqu'on fera à droite à la huitième manœuvre, que les Cavaliers des deux derniers rangs portent la tête de leurs chevaux fur leur gauche, pour être exactement derrière leurs chefs de file; & quand on fera à gauche, qu'ils portent de même la tête de leurs chevaux fur leur droite.

XXIIme MANŒUVRE.

REMETTRE LA COMPAGNIE SUR DEUX RANGS.

1.er Commandement.

Prenez garde à vous.

Vous allez vous former fur deux rangs.

Je parle aux deux premiers rangs.

Marche.

Les deux premiers rangs marcheront, & s'arrêteront au commandement *Halte.*

2.me

Formez-vous fur deux rangs.

Les quatre Cavaliers de la droite des deux premiers rangs appuyeront à droite de la jambe gauche; les quatre de la gauche appuyeront à gauche pour laiffer quatre pas de diftance dans le centre. De ceux qui formoient le troifième rang, les quatre de la droite marcheront en avant & appuyeront à gauche; les quatre de la gauche appuyeront à droite, & tous rentreront dans leur rang.

Si les Cavaliers n'étoient point encore exercés à appuyer à gauche & à droite, ils marcheront en avant pour ferrer fur le centre, en y tournant la tête de leurs chevaux.

Cet exercice étant fini, le Commandant de la compagnie la conduira au lieu où elle fe fera affemblée : il y fera mettre les Cavaliers pied à terre, & ils ramèneront leurs chevaux à l'écurie, les tenant de même qu'ils les auront amenés.

On en usera de même toutes les fois que les Cavaliers reviendront de garde ou de détachement.

DES MANŒUVRES
POUR UN RÉGIMENT.

LES jours marqués pour l'exercice d'un régiment, les Cavaliers commandés par compagnie s'assembleront une demi-heure avant celle qui aura été donnée pour l'exercice, au rendez-vous indiqué pour chaque compagnie ; d'où les Commandans desdites compagnies, après en avoir fait l'inspection, & les avoir fait monter à cheval & former, comme il a été dit au titre des manœuvres pour une compagnie, les conduiront au rendez-vous général du régiment, laissant au dernier rang les Cavaliers destinés pour la petite troupe que l'on formera par chaque escadron, lorsque le régiment sera rassemblé.

Les compagnies se placeront en bataille, la première à la droite du premier escadron, la deuxième à la droite du second escadron, la troisième à la gauche du premier escadron, la quatrième à la gauche du deuxième escadron, la cinquième à la gauche de la première compagnie, la sixième à la gauche de la deuxième, la septième entre la troisième & la cinquième, & la huitième entre la quatrième & la sixième.

Dans les régimens composés d'un plus grand nombre d'escadrons, on observera le même ordre, en plaçant alternativement les compagnies dans chaque escadron, suivant leur ancienneté.

Lorsqu'il y aura plusieurs régimens ensemble, ils garderont le même ordre entr'eux ; & celui qui fermera la gauche commencera à former ses escadrons par la gauche.

Les compagnies qui devront fermer les escadrons, se formeront par leur droite comme les autres.

Les compagnies ayant pris leur place dans l'escadron, se rendront, du lieu du rendez-vous général, sur celui qui aura été destiné pour l'exercice, où elles se formeront par compagnie dès que le terrein le permettra ; & le régiment se mettra en bataille sur deux rangs, les Officiers aux places qui leur sont ci-après indiquées.

Lorsque quelques compagnies n'auront pû fournir le nombre de vingt-quatre hommes, on les égalisera ensemble, en leur faisant se prêter des hommes mutuellement.

Etendards. Si le régiment est en garnison, on commandera un Lieutenant & un Brigadier sur tout le régiment, un Carabinier par chaque compagnie où il y a un étendard, lequel tiendra lieu de Cornette, & deux Cavaliers par chaque compagnie du régiment, lesquels se rendront, avec le Timbalier & tous les Trompettes, au lieu où sont les étendards.

Le Lieutenant placera ce détachement sur un rang, dans l'ordre suivant, commençant par la droite : quatre Cavaliers, la moitié des Trompettes, le Timbalier, l'autre moitié des Trompettes, quatre Cavaliers, les quatre étendards portés par les Carabiniers, & huit autres Cavaliers.

Il fera rompre cette troupe à droite par quatre. Les quatre premiers Cavaliers qui précéderont la première moitié des Trompettes, auront le mousqueton haut ; il se mettra à la tête des autres, qui auront le sabre à la main, & le Brigadier suivra derrière.

Le Lieutenant conduira ainsi les étendards au lieu indiqué pour le rendez-vous général du régiment ; & dès que l'on les y verra arriver, on fera mettre le sabre à la main à tout le régiment.

Le Lieutenant, avec sa troupe entière, remettra les
étendards

étendards à chaque compagnie, & ne renverra les Trompettes ni aucun Cavalier de l'escorte, qu'après que le dernier étendard aura été remis à sa compagnie; alors lesdits Cavaliers rentreront à leur compagnie par derrière les rangs.

A la fin de l'exercice, la même escorte reprendra les étendards, pour les conduire dans le même ordre chez le Commandant du régiment.

Dans les camps, on suivra pour prendre les étendards, ce qui est porté par l'Instruction pour le service de la Cavalerie.

LE Commandant d'un escadron se tiendra seul en avant du premier rang, entre la troisième & la quatrième compagnie de l'escadron. *Place des Officiers.*

Le Major & l'Aide-Major, sans avoir de place fixe, se tiendront à portée du Commandant du premier & du second escadron, pour recevoir leurs ordres.

Soit que les escadrons se forment sur deux ou sur trois rangs, les Capitaines feront dans le premier rang, à la droite de leurs compagnies; à l'exception de celui de la compagnie qui fermera la gauche de l'escadron, lequel se mettra à sa gauche.

Les Lieutenans feront de même dans le premier rang, à la gauche de leurs compagnies; & celui de la compagnie qui fermera la gauche de l'escadron, à la droite de cette compagnie.

Les Maréchaux-des-logis des deux compagnies qui fermeront la droite & la gauche de l'escadron, feront au second rang, en file derrière leurs Capitaines; & ceux des deux compagnies du centre, feront derrière elles en serre-file.

Tous ces Officiers feront remplacés lorsqu'il en manquera, le Capitaine par le Lieutenant de la même compagnie, & ainsi de grade en grade, sans jamais faire passer personne d'une compagnie à l'autre,

Le Commandant du régiment se servira cependant des Officiers réformés pour en remplacer d'autres, comme il le jugera à propos.

Les Officiers qui seront dans les rangs, seront compris dans le nombre des vingt-quatre hommes que la compagnie devra fournir, de sorte que le front de l'escadron sera toûjours de quarante-huit files, & que les deux compagnies des aîles n'auront chacune que vingt-un Cavaliers, & les deux du centre chacune vingt-deux.

Les Cavaliers dont ces Officiers tiendront la place, seront envoyés à la petite troupe que l'escadron devra former.

Les deux étendards de chaque escadron seront au premier rang, à la neuvième file à compter de la droite, & de la gauche de l'escadron lorsqu'il sera sur deux rangs ; & à la cinquième file, si l'escadron est sur trois rangs.

Les Trompettes seront sur un rang, à la droite de l'escadron, le Timbalier derrière eux.

Le régiment étant en colonne par compagnie, lorsqu'on voudra saluer ou retourner au quartier, le Capitaine prendra la tête de sa troupe ; le Lieutenant se tiendra hors du rang sur le flanc ; le Maréchal-des-logis sur le flanc opposé ; & on fera passer un Cavalier du second rang au premier, pour rendre les deux rangs égaux.

Petite Troupe. TOUTES les fois qu'un régiment prendra les armes en entier pour manœuvrer, on fera une petite troupe par escadron, des Cavaliers de chaque compagnie de cet escadron qui excéderont le nombre qui devra y être employé.

Cette troupe, plus ou moins forte, sera commandée par un Lieutenant & un Maréchal-des-logis, au choix du Commandant, lesquels seront remplacés comme il est dit ci-dessus ; mais en ce cas il n'y aura plus de Maréchal-des-logis en serre-file à l'escadron.

Cette petite troupe fera fur un rang, à vingt pas en arrière du centre de l'efcadron; elle exécutera les mêmes mouvemens que le refte de l'efcadron, foit qu'il marche en avant ou en arrière; & lorfqu'il fe rompra pour marcher en colonne, elle fe rompra en même temps fur deux ou fur quatre rangs, & marchera à même hauteur que l'efcadron lorfque le terrein le permettra; ou le fuivra derrière de fort près, lorfqu'elle ne pourra marcher à côté.

Le Lieutenant fe tiendra à la tête & au centre de cette troupe, & le Maréchal-des-logis derrière.

On pourra quelquefois de deux efcadrons foibles en faire un de cent vingt, qu'on fera manœuvrer avec fa petite troupe qui fe trouvera complette.

LE régiment, en arrivant fur le lieu où il devra faire *Se mettre en bataille.* l'exercice, fe mettra en bataille, foit en avant, foit fur fa droite, foit fur fa gauche, fuivant la commodité du terrein, & il exécutera pour cet effet, l'une des manœuvres ci-après, dixième, douzième & quatorzième.

Le régiment étant en bataille, & les Officiers dans le rang aux places indiquées, on fera compter les rangs par quatre, y compris les Officiers.

On fera, fi le Commandant du régiment le demande, le maniement des armes, qu'on commencera par l'aver-tiffement; après quoi on fera exécuter les manœuvres fuivantes.

DEMI-TOUR A DROITE PAR HOMME. *Ire*
MANŒUVRE.

Comme à la quatrième manœuvre pour une compagnie.

METTRE PIED A TERRE. *IIme*
MANŒUVRE.

Comme à la cinquième manœuvre pour une compagnie.

MONTER A CHEVAL. *IIIme*
MANŒUVRE.

Comme à la fixième manœuvre pour une compagnie.

<table>
<tr><td>

IVme
MANŒUVRE.

</td><td>

DES A DROITE ET A GAUCHE
PAR DEMI-COMPAGNIE.

</td></tr>
</table>

Comme à la septième manœuvre pour une compagnie.

Les Cavaliers du second rang auront attention à garder leurs chefs de file.

Cette manœuvre ne pourra s'exécuter lorsque les compagnies sont au dessous du nombre de vingt-quatre.

Vme
MANŒUVRE.

DES A DROITE ET A GAUCHE
PAR COMPAGNIE.

Comme à la huitième manœuvre pour une compagnie.

VIme
MANŒUVRE.

DES A DROITE ET A GAUCHE
PAR DEUX COMPAGNIES.

1.er
Commandement.

Prenez garde à vous, marche.

A droite par deux compagnies.

Marche.

La file de la droite de la première compagnie de l'escadron soûtiendra, & la file de la gauche de la troisième marchera : la file de la droite de la quatrième soûtiendra, & la file de la gauche de la deuxième marchera ; le tout s'arrêtera au commandement *Halte.*

2.me

Prenez garde à vous, marche.

A gauche par deux compagnies.

Marche.

La file de la gauche de la troisième compagnie soûtiendra, & celle de la droite de la première marchera ; la file de la gauche de la deuxième soûtiendra, & la file de la droite de la quatrième marchera ; le tout s'arrêtera au commandement *Halte.*

Prenez

Prenez garde à vous, marche.
Par deux compagnies demi-tour à droite.
Marche.

3.me
Commandement.

La file de la droite de la première compagnie foûtiendra, & celle de la gauche de la troifième marchera; la file
de la droite de la quatrième compagnie foûtiendra, & celle
de la gauche de la deuxième marchera : on fera la demi-
converfion, & l'on s'arrêtera lorfqu'on fe retrouvera aligné
avec le refte de l'efcadron, faifant face du côté oppofé.

Prenez garde à vous, marche.
Par deux compagnies demi-tour à gauche.
Marche.

4.me

La file de la gauche de la troifième compagnie foûtiendra, & celle de la droite de la première marchera; la
file de la gauche de la deuxième compagnie foûtiendra,
& celle de la droite de la quatrième marchera : on fera
la demi-converfion, & on s'arrêtera comme il eft dit
ci-deffus.

DES A DROITE ET DES A GAUCHE
PAR ESCADRON.

VIIme
MANŒUVRE.

Prenez garde à vous, marche.
A droite par efcadron.
Marche.

Ier
Commandement.

La droite de l'efcadron foûtiendra, la gauche marchera.
Lorfque le Commandant de l'efcadron jugera que le quart
de converfion fera fini, il dira *Halte,* & l'efcadron s'arrêtera.

Prenez garde à vous, marche.
A gauche par efcadron.
Marche.

2.me

La gauche foûtiendra, la droite marchera, & s'arrêtera
au commandement *Halte.*

o

Prenez garde à vous, marche.

Demi-tour à droite par efcadron.

Marche.

3.me Commandement.

La droite foûtiendra, & la gauche marchera, & ne s'arrêtera que lorfqu'après la demi-converfion elle fe trouvera alignée avec les autres efcadrons.

Prenez garde à vous, marche.

Demi-tour à gauche par efcadron.

Marche.

4.ixe

La gauche foûtiendra, la droite marchera, & s'arrêtera comme au troifième commandement.

On répétera cette manœuvre en marchant au trot très-légèrement, faifant les mêmes commandemens ; & à la fin de chaque mouvement, on dira : *au trot, marche.*

VIII.me MANŒUVRE.

DE'FILER PAR UN, DEUX, QUATRE.

Comme à la quinzième manœuvre pour une compagnie.

LE Capitaine prendra la tête de la compagnie qui défilera ; le Lieutenant fe tiendra fur le flanc du même côté où il étoit ; & le Maréchal-des-logis fur le flanc oppofé.

Le dernier rang des deux compagnies du centre ne fera que de deux Cavaliers ; & à celles des aîles, les deux derniers rangs feront de trois & deux.

IX.me MANŒUVRE.

DOUBLER LES RANGS, ET SE REFORMER PAR COMPAGNIE.

Comme à la feizième manœuvre pour une compagnie.

LA tête de chaque compagnie attendra pour marcher que fa queue l'ait rejointe ; la première compagnie de l'efcadron fera halte, jufqu'à ce que les autres l'ayent

rejointe au trot, n'ayant entr'elles que l'intervalle néceffaire pour fe mettre en bataille; & de même le premier
efcadron d'un régiment fera halte, jufqu'à ce que les
autres foient arrivés au trot; le Commandant du fecond
devant réferver outre les douze pas néceffaires pour placer
fa divifion, vingt-quatre autres pas pour l'intervalle d'un
efcadron à l'autre.

Dès qu'on fe reformera par compagnie, les Officiers
rentreront dans les rangs, le premier de chaque compagnie étant toûjours de dix Cavaliers; le fecond des
deux compagnies des aîles, de onze; & le fecond des deux
compagnies du centre, de douze.

Dans une marche de nuit, on continueroit à défiler au
pas ou au trot, jufqu'à ce que l'on eût joint la divifion
qui précède.

Toutes les manœuvres de la Cavalerie étant dérivées
de celles qui précèdent, on ceffera de répéter les commandemens dans celles qui fuivent.

UN RE'GIMENT ETANT EN COLONNE PAR COMPAGNIE, SE METTRE EN BATAILLE EN AVANT.

Xme MANŒUVRE.

La première compagnie fe portera légèrement huit
pas en avant, pendant que celle qui fuit fera à gauche
par compagnie, & tout de fuite à droite par compagnie,
pour fe former à la gauche de la première: toutes les
autres continueront à marcher devant elles, jufqu'à ce que
chacune étant arrivée où celle qui la précède a fait à gauche, elle n'ait plus que l'efpace néceffaire pour exécuter ce
mouvement; & elle fera enfuite à droite par compagnie,
lorfque fon premier rang fera arrivé à la hauteur de la
gauche de la compagnie qui la précède.

SE ROMPRE ET MARCHER A DROITE PAR COMPAGNIE.

XIme MANŒUVRE.

Cette manœuvre s'exécutera par un à droite par
compagnie.

XIIme MANŒUVRE.

SE REMETTRE EN BATAILLE SUR SA GAUCHE.

DE même par un à gauche par compagnie.

XIIIme MANŒUVRE.

SE ROMPRE ET MARCHER A GAUCHE
PAR COMPAGNIE.

LA première compagnie ayant marché six pas en avant, fera à gauche par compagnie; celle qui est à sa gauche marchera aussi droit devant elle, & fera le même mouvement, & ainsi des autres; avec cette attention, que chaque compagnie marchera dès que celle qui la précède sera vis-à-vis la file de sa droite.

XIVme MANŒUVRE.

SE REMETTRE EN BATAILLE SUR SA DROITE.

LA première compagnie fera à droite par compagnie, & marchera six pas en avant; celle qui suit, marchant toûjours droit devant elle, fera de même à droite par compagnie dès que son premier rang sera à la hauteur de la file de la gauche de la compagnie qui la précède; & ainsi des autres, qui marcheront de même devant elles jusqu'à ce que leur premier rang soit à la hauteur de la gauche de la compagnie qui les précède.

XVme MANŒUVRE.

SE ROMPRE ET MARCHER EN AVANT
PAR COMPAGNIE.

LA première compagnie marchera droit devant elle; les autres compagnies feront à droite par compagnie, & quand elles seront arrivées à la même hauteur que la première, elles la suivront en faisant un à gauche par compagnie.

On fera remettre le régiment en bataille en avant, comme à la dixième manœuvre.

XVIme MANŒUVRE.

MARCHER EN AVANT SUR UNE COLONNE
PAR ESCADRON.

ON fera à gauche par escadron, ensuite à droite par compagnie.

SE

SE REMETTRE EN BATAILLE.

XVIIme
MANŒUVRE.

ON se remettra simplement en bataille en faisant à gauche par compagnie & à droite par escadron; mais si l'on vouloit se remettre sur le même terrein, il faudroit faire à droite par compagnie, ensuite à droite par escadron, & on se remettroit par un demi-tour à droite pa compagnie.

FAIRE CHARGER DEUX ESCADRONS.

XVIIIme
MANŒUVRE.

ON fera faire à droite par escadron au premier escadron, & à gauche par escadron au second; ils s'éloigneront ensuite l'un de l'autre, cinq ou six cens pas au moins, en marchant au pas, droit devant eux.

A un appel ou autre signal indiqué, le premier escadron fera demi-tour à droite par escadron, & le second, demi-tour à gauche, pour se faire face l'un à l'autre.

On fera avancer la première & la quatrième compagnie du premier escadron, la deuxième & la troisième du second, cent pas les unes vers les autres: elles marcheront toutes ensuite en avant; & lorsque les deux premières lignes des deux escadrons feront à vingt pas l'une de l'autre, on fera sonner la charge.

Les Cavaliers de la première ligne du premier escadron s'approcheront de la compagnie qui sera vis-à-vis d'eux, jusqu'à ce que les têtes des chevaux soient prêtes à se toucher.

Alors les deux compagnies de la première ligne du second escadron, feront demi-tour à droite par homme, & se retireront au grand galop pour se reformer par un demi-tour à droite par homme, à cent pas derrière leur seconde ligne, qui avancera au pas dès que celle qui se retire sera à sa hauteur, comme il est expliqué plus en detail à la manœuvre suivante.

Les deux compagnies qui forment la première ligne

p

du premier escadron, ayant suivi au trot celle du second escadron qui s'est retirée devant elles, feront face à la seconde ligne du second escadron; & celle-ci se repliera de même qu'a fait la première, & ira au galop se reformer derrière sa première ligne devenue la seconde, laquelle avancera à son tour.

Le Commandant du second escadron fera de même sonner la charge quand sa première ligne sera à vingt pas de la première ligne du premier escadron; & la première ligne du premier escadron pliera à son tour derrière sa seconde ligne, devant laquelle la première ligne du second escadron pliera; & la seconde ligne du premier escadron, pliera à son tour devant la seconde ligne du second escadron.

On fera mettre alternativement le mousqueton à la grenadière & le sabre à la main à l'un des deux escadrons, & le mousqueton haut à l'autre; & celui qui aura le mousqueton haut pliera toûjours devant celui qui aura le sabre à la main.

Les Cavaliers qui auront le sabre à la main feront haut sur les étriers lorsqu'on sonnera la charge, ainsi qu'il est expliqué au neuvième commandement de la première manœuvre sur un rang pour une compagnie.

Après avoir fait rentrer la seconde ligne de chaque escadron dans la première, on fera marcher les escadrons jusqu'à ce qu'ils n'ayent plus qu'environ cent trente pas de distance de l'un à l'autre; ensuite le premier escadron fera à droite par escadron, le second à gauche, & ils se trouveront en bataille.

<table>
<tr><td>XIXme
MANŒUVRE.</td><td></td></tr>
</table>

RETRAITE.

ON fera marcher en avant la première & la quatrième compagnie de chaque escadron, pour former une première ligne à cent ou cent cinquante pas de la seconde.

Cette première ligne fera demi-tour à droite par demi-compagnie, & marchera au grand trot jusqu'à cent pas derrière la seconde ligne, où elle se remettra par le même mouvement.

La seconde ligne ne se mettra en mouvement que quand la première sera à sa hauteur ; elle marchera alors dix pas en avant fort lentement, & fera ensuite demi-tour à droite par demi-compagnie, pour se porter au trot cent pas au moins derrière la première.

On répétera plusieurs fois cette manœuvre, en faisant retirer alternativement l'une des lignes derrière l'autre.

Pour se remettre en bataille, les première & quatrième compagnies de chaque escadron étant en avant, on fera entrer dans leurs intervalles les troisième & deuxième, & serrer les escadrons sur le centre de chacun, s'ils se trouvoient trop ouverts.

BORDER LA HAIE POUR UNE REVUE.   *XX.me MANŒUVRE.*

Comme à la dix-septième manœuvre pour une compagnie.

Les Officiers sortiront du rang pour passer à la tête de leurs compagnies.

SE REMETTRE SUR DEUX RANGS.   *XXI.me MANŒUVRE.*

Comme à la dix-huitième manœuvre pour une compagnie.

FORMER LE REGIMENT SUR TROIS RANGS.   *XXII.me MANŒUVRE.*

Comme à la vingt-unième manœuvre pour une compagnie.

On fera attention en exécutant cette manœuvre, que les Officiers font nombre.

Si les compagnies n'étoient pas complettes au nombre de vingt-quatre, on laisseroit une file ou deux qui n'auroient que deux hommes de hauteur.

On fera exécuter au régiment formé sur trois rangs, les première, deuxième, troisième, sixième, septième, huitième, neuvième, dixième, onzième, douzième,

treizième, quatorzième & quinzième manœuvres; obfervant de faire rompre l'efcadron par deux compagnies :
n'étant pas poffible que lorfqu'il eft formé fur trois rangs,
il fe rompe par compagnie ni par demi-compagnie.

On pourra auffi exécuter toutes les autres manœuvres
en faifant la même attention.

XXIIIme *MANŒUVRE.*	*REMETTRE LE REGIMENT SUR DEUX RANGS.* Comme à la vingt-deuxième manœuvre pour une compagnie.
XXIVme *MANŒUVRE.*	*DE DEUX ESCADRONS SUR DEUX RANGS,* *EN FORMER UN SUR TROIS RANGS AVEC UNE TROUPE* *DE CINQUANTE MAITRES.*

1.er
Commandement.

Prenez garde à vous.

*De deux efcadrons vous allez en former un fur trois
rangs, & une troupe de cinquante Maîtres.*

Marche.

*Que les fix files du centre de chaque compagnie ne
bougent.*

Je parle aux autres.

Marche.

Les trois files de droite & de gauche de chaque compagnie, marcheront en avant environ quinze pas, pour fe
réunir enfuite en appuyant à gauche & à droite.

2.me

Formez le troifième rang.

Marche.

Les fix Cavaliers du premier rang de chaque compagnie,
qui n'ont bougé, ferreront en avant fur les deux autres
pour former le troifième rang.

Tout le premier efcadron appuiera fur fa gauche de la
jambe droite pour joindre le deuxième, & le deuxième fur
fa droite de la jambe gauche pour joindre le premier.

Le

Le Maréchal des-logis qui étoit fur le flanc gauche du premier efcadron, ira remplacer le Capitaine commandé pour la troupe de cinquante maîtres; & celui qui étoit fur le flanc droit du fecond efcadron, remplacera le Lieutenant commandé pour la même troupe. Ces deux Maréchaux-des-logis feront remplacés par autant de Cavaliers pris de la petite troupe de l'efcadron; ou, s'il n'y avoit point de petite troupe, par des hommes deftinés pour la troupe de cinquante maîtres.

Des quatre Maréchaux-des-logis qui étoient en ferre-file derrière les deux efcadrons, il n'en reftera que deux derrière l'efcadron formé fur trois rangs, les deux autres iront à la troupe de cinquante maîtres, où l'un d'eux fervira de Cornette.

Pour former la troupe de cinquante maîtres, on commandera:

Prenez garde à vous, marche.

A gauche par fix, bordez la haie.

Marche.

3.^{mé}
Commandement.

Les fix Cavaliers du fecond rang de chaque compagnie qui n'auront pas marché, feront à gauche, les gauches foûtenant, & les droites marchant.

Que le premier rang ne bouge.

Serrez vos rangs en avant.

Marche.

4.^{mé}

Le rang formé par les fix Cavaliers de la compagnie qui fermoit la gauche du fecond efcadron, ne bougera, les autres ferreront tout près.

A droite par trois, formez des rangs.

Marche.

5.^{mé}

Par l'exécution de ce commandement, la troupe fe trouvera formée à la gauche de l'efcadron.

Le Capitaine s'y placera à la tête du centre, le Lieutenant à la droite, appuyé au rang; le Cornette de même à la gauche; le Maréchal-des-logis derrière; le Trompette à droite.

2

<table><tr><td>

XXVme MANŒUVRE.

1.er Commandement.

2.me

3.me

4.me
</td></tr></table>

XXV.me MANŒUVRE. *REFORMER DEUX ESCADRONS SUR DEUX RANGS.*

Prenez garde à vous.

1.er Commandement. *Vous allez reformer deux escadrons sur deux rangs.*

Je parle aux deux premiers rangs.

Marche.

Les deux premiers rangs marcheront quinze pas, & s'arrêteront au commandement *Halte.*

2.me *Formez-vous sur deux rangs.*

Marche.

Les quatre compagnies de la droite de l'escadron appuieront à droite de la jambe gauche pour reformer le premier escadron ; & les quatre compagnies de la gauche appuieront à gauche de la jambe droite pour reformer le second escadron.

On aura attention dans cette manœuvre de faire trouver dans le centre de chaque compagnie, six pas d'intervalle, que les six Cavaliers du troisième rang de chaque compagnie viendront remplir, se plaçant au premier rang.

Pendant que cette manœuvre s'exécutera, le Commandant de la troupe de cinquante maîtres qui n'aura point marché en avant, fera les commandemens suivans :

3.me *Prenez garde à vous.*

A gauche par trois.

Marche.

Chaque rang de la troupe exécutera ce mouvement, au moyen duquel elle se trouvera à six Cavaliers de front sur huit de hauteur.

4.me *Pour prendre trois pas de distance d'un rang à l'autre.*

Marche.

Les Cavaliers du premier rang s'ébranleront les premiers ; ceux du deuxième ensuite : quand le premier rang en sera éloigné de trois pas, les autres en feront de même; & quand chaque rang aura pris cette diſtance, le Commandant fera faire halte.

Par ſix, demi-tour à droite.
Marche.

5.me
Commandement.

Les droites de chaque rang ſoûtiendront, les gauches marcheront; & quand la demi-converſion ſera achevée, ils s'arrêteront au commandement *Halte.*

Marche.

6.me

Chaque rang marchera devant lui juſqu'à ce qu'étant vis-à-vis du centre de ſa compagnie, il y rentrera dans le ſecond rang en faiſant à gauche.

Les Officiers & Maréchaux-des-logis reprendront les places qu'ils occupoient précédemment.

L'EXERCICE étant fini, le régiment retournera au lieu où il s'étoit aſſemblé, d'où on renverra les étendards; & chaque compagnie ſera ramenée par l'Officier qui la commandera, comme il a été dit à la fin des manœuvres pour une compagnie.

DES MANŒUVRES
POUR UNE TROUPE DE CINQUANTE MAISTRES.

CES troupes étant deſtinées à aller en détachement, ou à être poſtées en garde ordinaire, il eſt néceſſaire que les Officiers & les Cavaliers ſoient inſtruits des manœuvres auxquelles elles doivent être employées.

Pour cet effet, on fera quelquefois diviſer le régiment en pluſieurs troupes de cinquante maîtres, auxquelles on attachera un Capitaine, un Lieutenant, un Cornette ou un Lieutenant réformé, & un Maréchal-des-logis.

CETTE troupe ſera compoſée (outre les Officiers ci-deſſus) de deux Brigadiers, quatre Carabiniers, un Maréchal, un Trompette, & quarante-un Cavaliers. *Formation de cette troupe.*

q ij

Ils se placeront tous sur un rang, les Cavaliers de chaque compagnie ensemble. Le Capitaine fera l'inspection des hommes & des chevaux, & il fera exécuter les commandemens pour celle des armes.

Il fera ensuite marcher en avant les Brigadiers & Carabiniers, & derrière eux la moitié des Cavaliers de chaque compagnie, pour que tous les Cavaliers d'une même compagnie ne soient pas au premier rang ; & il formera ensuite sa troupe dans l'ordre suivant.

Première Division.

Un Brigadier à la droite, cinq Cavaliers à sa gauche.
Second rang : un Carabinier à la droite, cinq Cavaliers à sa gauche.

Deuxième Division.

Un Carabinier à la droite, cinq Cavaliers à sa gauche.
Second rang : six Cavaliers.

Troisième Division.

Cinq Cavaliers, un Carabinier à leur gauche.
Second rang : six Cavaliers.

Quatrième Division.

Cinq Cavaliers, un Brigadier à leur gauche.
Second rang : cinq Cavaliers, un Carabinier à leur gauche.

Chaque division sera aux ordres de son Brigadier ou Carabinier.

Le Capitaine se placera au centre en avant entre la deuxième & la troisième division, le Lieutenant à la droite, le Cornette à la gauche, l'un & l'autre alignés avec le rang ; & le Maréchal-des-logis derrière.

Ire
MANŒUVRE.

DÉFILER PAR UN, DEUX ET QUATRE.

CHAQUE division étant censée une troupe séparée, lorsqu'on fera défiler par un, deux, quatre, toute la première division défilera de suite, & sera suivie par la deuxième.

SE

SE REFORMER.

CHAQUE divifion fe formera d'abord fur deux rangs, la première ayant attention de faire halte pour attendre les autres, après quoi elles formeront la troupe en avant, obfervant ce qui eft expliqué à la dixième manœuvre pour un régiment.

DES A DROITE ET A GAUCHE
PAR DIVISION.

ON fera des à droite, des à gauche, des demi-tours à droite, & des demi-tours à gauche par divifion, ou quart de troupe, les Officiers manœuvrant avec la divifion à laquelle ils font attachés.

On préférera ces mouvemens pour faire demi-tour à droite, ou pour fe porter fur fa droite ou fur fa gauche, à ceux qui fe font par troupe entière, parce qu'ils font plus prompts, & qu'ils approchent moins le flanc de l'ennemi.

DES A DROITE ET A GAUCHE
PAR DEMI-TROUPE.

ON fera à droite, à gauche, demi-tour à droite & demi-tour à gauche par deux divifions ou par demi-troupe.

DES A DROITE ET A GAUCHE
PAR TROUPE.

ON répétera les mêmes mouvemens par troupe entière. C'eft la feule manière par laquelle on puiffe faire face à droite ou à gauche.

DETACHER UNE AVANT-GARDE.

ON fera marcher le Lieutenant en avant avec la divifion de la droite, dont il prendra la tête : il fe tiendra toûjours à cent pas au plus de la troupe, & fe fera précéder par deux vedettes à trente pas de lui.

L'avant-garde fe rejoindra à la troupe lorfque le Lieutenant en recevra l'ordre, en fe portant un peu fur la droite de la troupe & au-delà de fon fecond rang, où en faifant foûtenir fa droite, elle reprendra fa place par une demi-converfion.

VIIme
MANŒUVRE.

DÉTACHER UNE ARRIÈRE-GARDE.

LE Cornette demeurera cent pas au plus derrière la troupe avec la divifion de la gauche, & fe fera fuivre de deux Cavaliers à trente pas de lui.

Il rejoindra la troupe en marchant en avant lorfqu'il en recevra l'ordre, & y reprendra fa place.

VIIIme
MANŒUVRE.

PLACER UN PETIT CORPS DE GARDE.

LE Capitaine ira lui-même pofter fon petit corps de garde, compofé d'une des divifions de fa troupe, & placera les vedettes qui devront entourer, non feulement le petit corps de garde, mais même fa troupe.

Ce petit corps de garde fera relevé alternativement par chaque divifion, & le Maréchal-des-logis marchera avec chacune des deux divifions du centre.

IXme
MANŒUVRE.

FAIRE FACE DE QUATRE COSTÉS.

LE Capitaine commencera par faire rentrer fon petit corps de garde qui aura retiré fes vedettes, enfuite il fera les commandemens fuivans.

1.er
Commandement.

Prenez garde à vous.

Je parle au premier rang pour marcher huit pas en avant.

Marche.

Le premier rang ayant exécuté ce mouvement, & s'étant arrêté au mot *Halte*, le Commandant fera paffer entre les deux rangs le Trompette avec quatre Cavaliers, dont un de chaque rang des deux divifions des âíles.

Je parle au fecond rang.

2.me

Demi-tour à droite par homme.

Reculez.

Les Cavaliers du second rang, après avoir fait ce mouvement, reprendront leur rang d'eux-mêmes.

Prenez garde à vous.

Je parle aux cinq hommes de droite & de gauche de chaque rang, pour former le quarré.

3.me Commandement.

Reculez.

Les divisions de droite & de gauche des deux rangs feront un quart de conversion en arrière, jusqu'à ce qu'ils aient fermé l'intervalle des deux rangs, en formant le quarré.

Les Officiers feront ce mouvement avec les Cavaliers, moyennant quoi il s'en trouvera un au centre de chaque face, pour avoir attention à y faire ménager le feu à propos.

L'utilité de cette manœuvre seroit pour une garde ordinaire, qui, étant inquiétée par des troupes légères, voudroit garder son poste en attendant qu'elle fût secourue.

SE REFORMER.

POUR reformer la troupe, on fera les commande-mens ci-après.

Xme MANŒUVRE.

Prenez garde à vous.

Je parle à ceux qui ont reculé pour s'aligner sur leurs rangs.

Ier Commandement.

Marche.

Les Cavaliers de droite & de gauche des deux rangs qui ont reculé, faisant des quarts de conversion en avant, de droite & de gauche, s'aligneront comme ils étoient auparavant sur leur rang.

Prenez garde à vous.

Je parle au second rang.

2.me

Demi-tour à droite par homme.

Reculez.

Le second rang exécutera ce commandement de la même manière qu'il l'aura fait à la manœuvre précédente.

r ij

Prenez garde à vous.

3.me Commandement. *Je parle au second rang pour serrer sur le premier.*
Marche.

Le second rang marchera en avant pour rejoindre le premier qui ne bougera.

APRÈS ces manœuvres finies, les Officiers & Cavaliers qui y auront été employés rentreront dans leurs compagnies.

FAIT à Versailles, le vingt-neuf juin mil sept cent cinquante-trois. *Signé* M. P. DE VOYER D'ARGENSON.